재중 한인디아스포라
연 구 총 서

6

재중 한국인 사회의 형성과
초국가주의적 생활 경험

본서의 한자표기는 외래어 표기법을 원칙으로 하되 '동북3성'과 같이 우리에게 익숙한 표현은 예외로 한다. 지명의 한자표기는 간체자가 아닌 번체자로 한다. 참고문헌과 같이 원문을 살릴 필요가 있을 경우 원문대로 기재했다.

재중 한인디아스포라
연 구 총 서

6

재중 한국인 사회의 형성과
초국가주의적 생활 경험

김윤태 · 예성호 지음

목차

제1장

서론

제1절 연구의 필요성 및 연구목표

1. 연구 필요성

한중 수교 이후 재중 한국인 사회는 빠르게 형성되었고 또한 시시각각 변화하고 있다. 1992년 한중 양국의 수교 이후 기업과 개인의 중국 진출은 매우 빠른 속도로 증가했다.[1] 그와 더불어 베이징北京, 톈진天津, 칭다오靑島, 선양瀋陽, 상하이上海, 광저우廣州 등 중국의 주요 도시에서는 한국인 집단거주지가 출현하면서 한국인 커뮤니티가 빠른 속도로 건설되고 있어, 이러한 사회에 대한 보다 구체적이고 체계적인 이해가 필요해져 가고 있다. 외교부의 재외동포 통계에 따르면, 2016년 12월 말 기준[2] 재중동포는 2,548,853명이다(표 1-1 참조). 그중 '재중 조선족'으로 불리는 외국 국적 동포의 수는 2,198,624명이고, '대한민국 국적을 소지한 재중 한국인' 즉 재외국민의 수는 350,229명이다. 재외국민 중 거주 자격별 구성을 보면, 일반 체류자가 279,231명으로 가장 많고, 다음이 유학생으로 64,396명이며, 영주권자는 6,602명이다. 영주권자가 많아 보이지만 영주권자의 상당수는 홍콩 거주자(6,465명)여서 실제 중국지역의 영주권자는 그리 많지 않다. 지역별 분포로는 베이징,

---

[1] 사실상, 중국을 향한 최초의 투자 진출은 한중 수교 이전에 이미 시작되었으나, 미수교 국가이기 때문에 홍콩을 통한 우회 투자의 성격이었다.

[2] 이 통계 자료는 외교부 재외동포영사국 재외동포과에서 해외에 주재하는 우리나라 재외공관(대사관, 총영사관, 분관 또는 출장소)에서 작성한 공관별 재외동포현황을 취합, 정리(2016년 12월 31일 기준)한 것으로서 주재국의 인구 관련 통계 자료, 한국인회 등 동포단체 조사자료, 재외국민등록부 등 공관 민원 처리기록 직접조사 등을 근거로 산출한 추산치이다. 또한, 이 자료는 2년에 한 번씩 조사가 이루어지며, 홀수년도 하반기에 업데이트된다. 한 가지 특이한 사항은 2,198,624명으로 추산된 외국 국적 동포(시민권자)의 수이다. 중국의 시민권자 동포는 거의 조선족인데, 중국의 2010년 인구조사통계에 따르면 2010년 조선족 인구는 1,830,929명이다. 한국외교부의 추산치가 이보다 약 40만 명이 많은 이유는 호적지를 떠나 중국 전역으로 유동하는 조선족을 중복으로 계산했기 때문으로 추정된다.

텐진 지역 거주자가 가장 많고, 그다음이 산둥, 광둥, 상하이, 동북3성 지역의 순이다. 한국정부에서 파악하고 있는 재중 한국인의 수는 재외국민 등록자 수에 근거한 것이 아니라 중국정부의 통계에 근거한 추정치다. 그러한 점에서 실제 재중 한국인 수는 그보다 더 많을 것으로 추산되기도 한다.

<표 1-1> 거주 자격별 재중동포 현황 (단위: 명)

		재외국민				외국 국적 (시민권자)	총계
		영주권자	일반 체류자	유학생	계		
	총계	6,602	279,231	64,396	350,229	2,198,624	2,548,853
중국	주선양(총)	-	36,264	7,136	43,400	1,607,510	1,650,910
	주중국(대)	-	71,973	24,028	96,001	184,462	280,463
	주칭다오(총)	-	62,992	2,726	65,718	194,383	260,101
	주광저우(총)	-	52,900	2,870	55,770	115,831	171,601
	주상하이(총)	135	40,329	19,861	60,325	84,456	144,781
	주홍콩(총)	6,465	7,361	1,257	15,083	-	15,083
	주청뚜(총)	2	3,893	2,340	6,235	3,330	9,565
	주시안(총)	-	2,793	1,976	4,769	3,259	8,028
	주우한(총)	-	726	2,202	2,928	5,393	8,321

자료 출처: 외교부, 2017 재외동포 현황(2016년 말 기준)
** 이 표에서의 재중동포는 재외국민인 재중 한국인과 외국국적의 재중 조선족을 포함한 것이다.

이를테면 중국 인민일보 자매지 환구시보环球时报는 2009년 10월 8일 자 기사에서 중국에서 거주하는 한국인이 100만 명을 넘었다고 보도하기도 했다. 물론 외국기업과 체류자에 대한 관리가 강화되고 2008년 미국발 금융위기에 따른 경제여건 악화로 재중 한국인 수가 감소 추세를 보이기도 하였으나, 2010년에 접어들면서 한국과 중국 경제가 상대적으로 빠르게 안정세를 보였고, 이에 따라 한국인의 중국진출 또한 다시 증가하여 최소한 2015년까지는 기존의 수치를 회복하는 중이었다. 하지만 2016년 7월 8일 한국 국방부의 사드 배치 발표로 북·중·러 3국이 강력하게 반발하기 시작했고,[3] 중국은 2017년부터 본격적인 경제보복 조치를 단행하였고, 이 영향으로 상당히 많은 수의 한국기업들이 철수하거나 사업을 축소함으로써 재중 한국인의 수도 다시 현저히 감소한 것으로 추측된다.

한편 대다수 한인은 동북 3성에 거주하며, 대도시로는 베이징, 톈진, 칭다오를 위시한 산둥지역, 광저우 등 광둥지역, 그리고 상하이 인근에 주로 거주하고 있다.[4]

<표 1-2> 연도별 재중동포 현황 (단위: 명, %)

		2013	2014	2015	2016	(%)
총계		2,704,994	2,573,928	2,585,993	2,548,030	100
중국	주선양(총)	1,827,232	1,652,730	1,651,900	1,650,910	64.79
	주중국(대)	290,600	293,829	282,281	280,463	11.01
	주칭다오(총)	288,800	288,617	292,542	260,101	10.21
	주광저우(총)	119,135	161,829	187,592	171,601	6.73
	주상하이(총)	134,505	141,286	133,596	144,781	5.68
	주홍콩(총)	13,607	12,273	12,815	15,083	0.59
	주청뚜(총)	11,777	12,381	9,180	8,742	0.34
	주시안(총)	5,216	4,300	8,262	8,028	0.32
	주우한(총)	14,122	6,683	7,825	8,321	0.33

자료 출처: 외교부, 2017 재외동포 현황(2016년 말 기준)

전 세계 화교화인은 4,500만 명을 상회하여 절대 적지 않은 절대 규

---

3) 위키백과, 중국의 사드 보복, https://ko.wikipedia.org/wiki/, 검색일(2019. 02. 17.)
4) 주선양 총영사관의 집계는 동북3성 관할지역의 한인 수(재중 한국인과 재중 조선족)를 집계한 것이다. 이 지역의 비중이 64.79%로 가장 많이 분포하고 있는 것은 이 지역이 조선족 집거지역이기 때문이다.

모이지만,[5] 13억 중국 인구 규모를 고려한다면 겨우 3.5%에 불과한 비중이다. 그런데도 중국정부는 해외 화교화인에 대해 매년 1조 원에 가까운 경비를 사용하며 역사문화 및 경제 네트워크를 구축하고 있다. 반면, 한국의 재외동포는 700만 명으로 그 절대 규모는 중국의 화교화인에 비할 수 없으나 남북한 총인구에서 차지하는 비중은 약 10%를 차지하고 있다. 그만큼 재외동포를 중시할 필요가 있다는 의미이다. 그뿐만 아니라 전 세계에 거주하는 재외동포 중에서도 가장 많은 비중을 차지하고 있는 집단은 재중 한국인과 조선족을 포함한 '재중 한인' 집단이다.[6] 따라서 재중 한국인 사회 현황 및 실태에 대한 총체적이고 종합적인 이해의 필요성이 날로 증가하고 있다고 말할 수 있다.

또한, 재중 한국인 사회가 형성된 지 벌써 25년을 넘어섰다. 기존의 주재원 중심의 사회에서 이제는 다양한 계층이 장기 거주하는 사회로 변화하고 있다. 글로벌 환경의 변화에 따라 재중 한국인 사회도 시시각각 변화하고 있다. 한중관계는 이제 불가분의 관계로 발전해왔다. 그러나 여전히 한중관계의 미래는 낙관적이지만은 않다. 이러한 상황에서 미래 지향적인 한중관계의 구축을 위해서는 가장 첨병이라 할 수 있는 재중 한국인 사회에 대한 총체적이고 종합적인 이해가 필수적이라 할 것이다.

재중 한국인 사회의 계층분화에 대한 분석적이고 통시적인 이해의 필요성도 증가하고 있다. 중국진출 역사가 25년을 지나면서 양적인 증가와 함께 재중 한국인의 계층분화 역시 급속도로 진행되고 있다. 재중 한국인 자영업자 및 대기업 주재원을 포함하는 재중 한국인에 더하여,

---

5) 김판준, 「중국의 화교화인 역사·교육·문화 네트워크 연구」, 『재외한인연구』, 제35호, 재외한인학회, 2015, 130쪽.

6) 2016년 12월 말 기준 재중동포는 2,548,030명, 재미동포는 2,492,252명, 재일동포는 818,626명으로, 이미 중국은 가장 많은 재외동포 거주 국가가 되었다.

재중 한국인 유학생, 불법 체류자 등 다양한 인구집단이 유입되면서 재중 한국인 사회가 내적으로 큰 계층분화를 경험하고 있다.

재중 한국인 유학생의 경우, 2016년 12월 말 기준 6만 4천여 명에 육박하면서, 중국 내 전체 외국인 유학생 중 1위를 차지할 정도로 성장했다. 동시에 베이징, 상하이, 선양 등과 같은 대도시에는 한국인 밀집 거주지역이라는 새로운 코리아타운이 형성되고 있기도 하다. 그런데도 기존 연구들은 재중 한국인 사회의 역동적인 분석에 한계를 보였다. 따라서 재중 한국인 사회의 역동성에 대한 실증적이고 면밀한 분석은 한중 수교 25주년을 넘긴 시점에 양국 관계의 현주소를 파악하고 미래를 전망하는 데 반드시 필요한 작업이다. 이러한 작업을 통해 한국인의 중국 이주에 대한 총체적 이해를 도모하는 데 기여하고 관련 정책 수립을 위한 기초 자료와 근거를 제공할 필요성도 증가하고 있다.

2. 연구경향 검토와 연구목표

본 연구는 양적, 질적인 면에서 더욱더 중요성을 더해 가는 재중 한국인 사회에 대한 총체적인 이해를 통하여 미래지향적인 글로벌 한국인 네트워크 구축을 목표로 하고 있다.

국제이민은 학술계의 꾸준한 관심을 받는 국가 간 인적 이동의 대표적 형식이다. 국제연합(UN)에서 제공한 통계에 의하면, 전 세계 국제이민은 1990년의 1.54억 명에서 2010년에는 2.14억 명으로 증가했고, 이러한 추세라면 2050년에는 4.05억 명에 달할 것으로 예상한다.[7] 전 지구화가 진행되고 있는 작금의 세계는 이미 '국제이민의 새 시대'를

---

7) 李明欢, 「国际移民研究热点与华侨华人研究展望」, 『华侨华人历史研究』, 2012(1).

맞고 있다. 따라서 여러 가지 형태로 나타나고 있는 초국가적 이동이 촉발하는 사회적 변화 문제는 국제이민 연구자의 광범위한 관심을 집중시키기에 충분하다.[8]

그러나 그동안 연구자들의 관심을 정리해 보면, 주로 국제이민의 동기 및 거주국에서의 사회적응에 집중되었고, 국가의 경계를 초월하여 출신 모국과의 연계를 유지하며 새로운 초국가적 커뮤니티를 형성하는 현상, 그리고 나아가서는 이민자가 출신 모국, 거주국에 끼친 쌍방향적 영향에 관한 관심은 상대적으로 적었다. 작금의 이주자들은 자신들이 정착해서 사는 거주국과 정치, 경제, 사회문화 등 다양한 영역에서 복합적인 새로운 관계를 형성하고 있으면서 동시에 출신 모국과의 연결을 지속해서 유지하여 이들 모두를 포함하는 초국가적 사회영역(transnational social fields) 내에 살게 된다.[9]

기존의 '재중 한국인'에 대한 논의 역시 이러한 거주국 중심의 틀을 벗어나지 못했다. 즉, 출신 모국인 한국보다는 현 거주지인 중국에서의 정치, 경제, 사회문화적 적응과 관련된 논의들이 주를 이루었다. 이렇게 기존의 연구들은 재중 한국인들의 모국(한국)과의 연계, 즉 초국가주의적 연계를 소홀히 함으로써, 한국도 중국도 아닌 이들만의 고유한 생활공간의 창출에 관한 관심을 드러내지 못했고, 이들이 모국(한국)의 발전에서 갖는 역할을 부각하지 못했다.

따라서 본 연구는 재중 한국인의 초국가주의적 생활공간 창출에 집중하고자 했다. 그뿐만 아니라 한국발전에서의 중요성도 동시에 발견

---

8) 周敏・张国雄主编, 『国际移民与社会发展』, 中山大学出版社, 2012年, 392-410쪽.

9) Nina Glick Schiller & Georges E. Fouron, "Terrains of blood and nation: Haitian transnational social fields", *Ethnic and Racial Studies*, 22, 1999, pp.340-366; 임채완・전형권, 『재외한인과 글로벌 네트워크』, 한울아카데미, 2006; 임채완, 「지구화시대 디아스포라의 초국가적 활동과 모국」, 『국제정치논총』, 제48권 제1호, 2008, 243-266쪽.

하고자 했다. 한국문화(한류)의 재생산자, 양국 간 정치적 중개자, 중국과 한국의 사회문화적 매개, 한국기업의 재충전과 세계화 매개를 사실상 담당했다. 초국가주의 이론은 출신 모국과 거주국 사이를 오가는 국제이민의 새로운 경향인 쌍방향적 생활형태를 상정함으로써, 거주국뿐만 아니라 출신 모국 사회에도 일정한 정도의 영향을 미치고 있다고 강조한다.10) 이는 기존의 국제이민 연구와는 다른 경향이다.

한중 양국의 수교 이후 중국에 투자한 한국기업에 관한 연구는 상당히 많이 축적되고 있다. 중국은 개혁개방 정책의 시행으로 시장경제 도입에 적극적이었고, 외국인 투자를 매우 적극적으로 유치하고자 했다. 한편 한국의 기업, 특히 노동집약적 기업들은 1980년 후반 노동임금의 상승으로 한국에서는 더 이상 세계시장 경쟁력을 확보할 수 없는 상황에 이르렀다. 노동임금 수준이 낮은 저개발 국가로 향한 공장 이전을 통해 가격경쟁력을 확보하고자 노력하는 중이었다. 이러한 상황에서 한중 양국의 수교는 한국기업의 중국투자를 매우 폭발적으로 증가시켰다. 이에 따라 중국에서의 경영 활동에 관한 한국기업의 관심이 커지면서 한국의 기업 관련 국가기관이나 일군의 경영학자들이 이에 대한 논의를 시작했다. 경영학자들의 관심이 우선 시작된 것은 당시 투자기업의 경영성과가 가장 큰 관심거리였기 때문이다.

그러나 투자기업의 진출과 더불어 유학생, 투자기업인의 가족 등이 중국에 본격적으로 진출하여 집중거주지를 형성하기에 이르자, 사회학, 인류학자들 역시 이들에 관한 관심을 높여가기 시작했다. 특히 산둥山東,

---

10) Linda Basch, Nina Glick- Schiller, and Cristina Blanc-Szanton, *Nations Unbound: Transnational Projects*, Post Colonial Predicaments and Deteritorialized Nation States, Langhorne(PA: Gordon and Breach), 1994; Alejandro Portes, Luis E. Guarnizo and Patricia Landolt, "The Study of Transnationalism: Pitfalls and Promise of An Emergent Research Field", *Ethnic and Racial Studies*, 22(2), 1999, pp.217-237.

베이징北京, 광둥廣東, 상하이上海, 동북3성東北三省 등 한국인 집중거주지에 관한 연구는 기존의 경영학적 연구의 틀을 벗어나 중국거주 한국인을 이민으로 간주하고 연구를 진행한 대표적인 연구 성과이다.[11] 비록 이들을 이민으로 정의하기는 어려우나, 이민과 유사한 형태의 장기거주를 하고 있으며, 지역에 따라서는 매우 거대한 코리아타운을 건설하고 있다. 이러한 새로운 이주 집단에 관한 연구는 각 지역 코리아타운의 형성과정과 생활실태, 적응실태를 다루었을 뿐 아니라 동일지역 내의 타 종족집단 간의 갈등과 통합의 과정을 보여줌으로써 재중 한국인의 현지적응 모델을 구현해 내고 있어 그 학술적 공헌이 분명하다. 이 밖에 중국의 교육환경과 재중 유학생에 관한 연구 또한 집중거주지 연구와 더불어 재중 한국인에 관한 연구의 한 축으로 학술계에 분명한 공헌을 했다.[12] 더욱 고무적인 것은 중국 현지학자들도 한국인의 집중거주지에 관해 관심을 높이고 있다는 점이다.[13] 이는 한국인이 집중거주지를 형성하고 있는 현상이 매우 드문 현상이기 때문으로 해석된다.

---

11) 김윤태·안종석, 「중국의 신선족과 한인타운」, 『중소연구』, 제22권 제4호, 2009, 39-67쪽; 장수현, 「이산민의 초국가성과 다층적 정체성: 중국 위해의 한국화교에 대한 사례연구」, 『현대중국연구』, 제11권 제2호, 2010, 263-297쪽; 임채완·전형권, 『재외한인과 글로벌 네트워크』, 한울아카데미, 2006; 임채완, 「지구화시대 디아스포라의 초국가적 활동과 모국」, 『국제정치학회』, 제48권 제1호, 2008, 243-266쪽; 이윤경·윤인진, 「멀티 에스닉(multi-ethnic)모델로 본 초국가적 사회공간내의 재중한인-북경 왕징 코리안타운의 사례를 중심으로」, 『디아스포라와 트랜스내셔널리즘의 이슈, 이론, 방법론』, 국제학술대회 발표논문, 9월 21일, 2012; 유희연, 「조기유학을 통해 본 교육이민의 초국가적 네트워크와 상징자본화 연구」, 『한국도시지리학회지』, 제11권 제2호, 2008, 75-89쪽; 정종호, 「왕징모델(望京模式): 베이징 왕징 코리아타운의 형성과 분화」, 『중국학연구』, 제65권, 2013, 433-460쪽; 이윤경·윤인진, 「중국 내 한인의 초국가적 이주와 종족공동체의 형성 및 변화: 베이징 왕징 코리아타운 사례연구」, 『중국학논총』, 제47집, 2015, 271-315쪽.

12) 예성호·김윤태, 「'초국가주의 역동성'으로 본 재중 한국인 자녀교육 선택에 대한 연구-상해지역을 중심으로」, 『중국학연구』, 제68집, 중국학연구회, 2014, 337-363쪽; 문상명, 「재중국 한국 유학생의 생활공간 연구: 베이징 우다오커우(五道口)지역 한국 유학생의 행태 연구를 중심으로」, 성신여자대학교 석사학위논문, 2003.

13) 朴盛鎮, 「北京望京地区朝鲜族与韩国人的关系研究」, 中央民族大学硕士论文, 2010; 刘莎, 「在京韩国人跨文化人际交往特征分析」, 兰州大学硕士论文, 2011; 朱秉渊, 「在京韩国人及其社会融合状况--以望京"韩国城"为例」, 山东大学硕士论文, 2013.

재중 한국인 집단은 분명 예전의 이민과는 다른 특성이 있다. 예전의 이민은 대부분 선진국을 향한 이주였다. 그러나 지금의 중국을 향한 진출은 결코 선진국으로 진출한 사례라고 볼 수 없다. 경제적으로 비교적 발전한 국가인 한국에서 아직은 낙후한 중국을 향한 진출은 예전의 경험과는 대조적이다. 따라서 재중 한국인 집단은 분명 경제적 지위에 있어 중국 현지사회의 일반 민중보다 비교적 높은 위치를 점하고 있다는 점이 충분히 고려되어야 할 필요가 있다.

비록 이상의 연구들이 시기마다 주요 관심사를 적절히 반영하고는 있으나, 여러 종족집단 속에서의 재중 한국인 사회의 특성을 드러내는 데에는 한계를 갖고 있으며, 나아가 예전의 이민형태와는 다른 생활 경험을 보여주고 있는 새로운 형태의 초국가주의적 생활 경험을 충분히 해석해 내지 못한 아쉬움이 있다. 다행히 초국가주의 이론의 적용성 및 이를 적용하여 기존의 연구한계를 메워주고자 하는 시도가 있어 고무적이다. 이러한 연구들은 향후 재중 한국인 연구에 새로운 지평을 열어 줄 것으로 판단된다.

전통적인 국제이민이론 혹은 이민자 국제송금이론은 모두 이민자의 출신국(모국) 혹은 거주국에 지나치게 치중하여 국제이민의 문제를 분석했다. 전 지구화가 진행되고 있는 현시점에서 민족국가에 한정하는 이러한 단일방향의 분석 틀은 더 이상 현시점의 국제적 인구이동을 적절하게 해석할 수 없다. 국제이민은 전 지구화 현상 중의 하나이기 때문에 전 지구화의 배경 속에서 분석해야만 비로소 그 사회적 영향과 미래의 추세를 비교적 정확하게 진단할 수 있다.[14] 전 지구화의 배경 하에서 갈수록 많은 국제이민자가 거주지에 새로운 가정, 새로운 커뮤니티

---

14) 李明欢, 「国际移民研究热点与华侨华人研究展望」, 『华侨华人历史研究』, 2012(1).

를 건설하는 동시에 출신국인 모국과도 금융, 산업, 무역, 문화, 정치적 연계를 긴밀하게 유지하고 있다. 출신 모국과 거주국 사이를 왕복하는 이러한 생활방식을 소위 초국가주의(trans-nationalism)라 부른다. 이러한 초국가주의는 이민자 가정의 양쪽 지역의 경제적 수요를 만족시켜줄 뿐만 아니라 이민자가 거주국의 주류사회에 완전히 융화되지 못함으로써 생기는 부적응감, 곤혹감 내지는 구조적 자별을 설삼시킬 수 있다.[15]

사실 초국가주의는 최근에 발생한 새로운 현상이 아니다. 그러나 최근 초국가주의가 강조되는 것은 규모나 범위, 빈도나 강도, 그리고 그 영향력이 이전의 것과는 확실히 구분되기 때문이다.[16] 일반적으로 초국가주의는 이민자 개인, 출신 모국의 경제발전 수준 및 이민자의 해외 민족 집거지 상황의 영향을 받을 뿐 아니라, 이민자의 사회적 지위의 변화, 출신 모국과 거주국의 사회발전에 대해서도 긍·부정적 영향을 미친다.

본 연구 또한 재중 한국인의 초국가적 생활 모습에 착안하여 초국가주의 이론을 적용하여 이들의 초국가주의 실천을 중심으로 천착했다. 경제적, 정치적, 사회문화적 영역에서 과연 어떠한 초국가주의 실천을 해 나가고 있는지 보여주고자 했다. 이러한 연구시각의 정립을 통해 기존의 이민과는 다른 형태의 생활 경험을 하는 재중 한국인의 특성을 보여주고자 노력했다.

동시에 재중 한국인(new comer)과 현지 중국인(Majority), 그리고 조

---

15) Linda Basch, Nina Glick- Schiller, and Cristina Blanc－Szanton, *Nations Unbound: Transnational Projects*, Post Colonial Predicaments and Deteritorialized Nation States, Langhorne(PA: Gordon and Breach), 1994; Steven Vertovec, "Migrant Transnationalism and Modes of Transformation", *International Migration Review*, 38(3), 2003.

16) Schiller Nina Glick, Linda Basch and Cristina Blanc－Szanton, "Transnationalism: A New Analytic Framework for Understanding Migration", in Nina Glick Schiller, Linda Basch and Cristina Blanc－Szanton(Eds), *Towards a Transnational Perspective on Migration: Race, Class, Ethnicity, and Nationalism Reconsidered*, New York: The New York Academy of Sciences, 1992.

선족 동포(old comer) 간의 상호 인식 및 교류 양상에 대한 조사를 통해 이들 집단 간의 충돌이나 갈등 양상을 짚어보고, 이러한 갈등을 최소화하고 발전적인 방향으로의 통합은 어떻게 만들어 나가는지에 대해 살펴보았다. 이러한 작업은 양국 관계의 진일보한 발전에 도움을 줄 수 있는 자료와 시각을 확보할 수 있을 것으로 판단되며, 궁극적으로는 향후 우리 기업들의 성공적인 중국진출과 통합적인 재외한인사회 건설을 위한 전략 수립에 기여할 수 있을 것이다.

3. 초국가적 이민자의 개념 정의

전 지구화가 진행되고 있는 작금의 이민자들은 기존의 영구성 이민과는 달리 초국가적 이민형태를 갖고 있다. 이들은 현재의 거주국에 깊게 뿌리를 내리고자 하면서도 한편으로는 출신 모국과 여러 가지 형태의 연계를 강화하며 생활하고 있다. 이러한 생활형태의 변화에 대하여 초국가주의 이론의 창시자인 실러(Schiller, Nina Glick)는 현재의 이민은 '초국가적 이민'으로 이해되어야 한다면서, 그들의 일상생활은 국가의 경계를 초월하여 다층적이고 항상 상호연계 되어있으며, 그들의 신분 정체성 역시 하나 이상의 국가에서 형성되고 있다고 강조했다.[17] 중국학자 리우훙劉宏 역시 실러의 이러한 개념을 빌려 '초국가적 화교화인華僑華人'의 개념을 설명한 바 있다. 그의 정의에 의하면, '초국가적 화교화인'이란 초국가적 활동의 과정 중 거주국과 자신 혹은 부모의 출신 모국을 서로 연계시키고 각종 관계를 유지하는 이민 집단이다. 그들은 지리적인 경계는 물론 문화적, 정치적인 경계를 초월하는 사회적 환

---

17) Chiller, Nina Glick et al., "From Immigrant to Transmigrant: Theorizing Transnational Migration", *Anthropological Quarterly*, 68(1), 1995, pp.48-63.

경을 갖고 있다. 초국가적 이민으로서 그들은 두 가지 이상의 언어를 사용하며, 두 개 이상의 국가에 직계 친족이나 사회적 네트워크 혹은 사업체를 가지고 있으면서, 지속적이고 항시적인 초국가적 교류를 생계유지의 중요한 수단으로 삼고 있다.[18]

전통적인 이민과 비교할 때 '초국가적 이민'은 어떠한 특징을 갖고 있을까에 대하여 리우홍은 형성과정, 사회구성, 활동공간과 문화 정체성 등에서 초국가적 화교화인의 특징을 개괄했다. 초국가적 화교화인은 형성과정 중에서 지역성을 초월하며, 다원적이고 복잡한 집단으로 구성되어 있으며, 활동공간 역시 다원적이고 민활하며, 다중적인 문화 정체성을 지닌다고 분석했다.[19] 또 다른 학자는 '탄력적 시민권(flexible citizenship)'의 개념으로 초국가적 화교화인의 주요 특징을 분석했다. 그에 의하면 이 탄력적 시민권은 사람들이 변화된 정치·경제적 환경에 기민하게 반응하도록 한다는 것이다. 또한, 기동성 있게 이주하고 재이주하는 것 역시 강압에 의해서나 피동적인 이주가 아니라 적극적으로 쟁취하는 것이라고 주장했다.[20]

위의 논의들을 종합해보면, 전통적인 동화론적 시각에서의 활동공간은 고정적이며, 신분 정체성과 문화적 속성이 단일한 형태인 데 반하여, 초국가적 이민의 특징은 이와는 아주 다르다는 사실을 짐작할 수 있다. 지리적으로는 매우 유동적이며 기민한 특성이 있으며, 또한 다층적이고 가변적인 신분 정체성과 비교적 복합적인 문화적 속성이 있다고 정리할 수 있다.

---

18) 刘宏, 『战后新加坡华人社会的嬗变 : 本土关怀·区域网络·全球视野』厦门, 厦门大学出版社, 2003, 215쪽.

19) 위의 책, 230-232.

20) Aihwa Ong, *Flexible Citizenship: The Cultural Logics of Transnationality*, Duke University Press, 1999, p.5, p.19.

제2절 연구내용

1. 이주와 정착

가. 이주과정에 대한 실증적 통시적 조사

재중 한국인들의 이주과정에 대한 실증적이고 통시적인 조사를 통하여 재중 한국인 사회 내에 다양한 사회계층을 형성하게 된 조건을 파악하고자 했다. 특히 국내기업의 현지 투자를 통하여 현지에 파견된 주재원이 현지에 정착한 경우, 유학생으로 시작하여 졸업 후 현지에 정착한 경우, 개인적인 사업이민 형식으로 중국에 진출한 경우, 또한 현재 중국의 각급 학교에 유학 중인 유학생, 대기업, 중견기업이나 혹은 공공기관에서 파견한 주재원 등에 대한 심층적인 조사를 수행함으로써, 재중 한국인들이 중국 현지에 이주하고 정착하는 과정에 대한 분석을 진행했다.

나. 주요 집중거주지 조사

재중 한국인 정착의 역사와 실태는 주요 집중거주지에서 대표적으로 발견할 수 있었다. 베이징의 왕징望京, 상하이의 구베이古北, 톈진의 양광100陽光100, 선양의 시타西塔, 칭다오의 청양城陽 등지에 형성된 한국인 집중 거주지역인 소위 '코리아타운'에 대한 현지조사를 시행했다. 이를 통하여 재중 한국인들이 중국 현지에 적응하면서 야기되는 다양한 문제점 및 그러한 문제점을 해결하는 다양한 공식적, 비공식적 네트워크에 대한 심층적인 조사를 수행함으로써, 중국 내 한국인 사회 형성, 정착의 실태와 관련한 학술적, 정책적 함의를 도출하고자 했다.

2. 갈등과 통합

가. 재중 한국인의 정치·경제적 리스크와 초국가주의 선택

중국의 정치·경제적 환경은 지속해서 변화했다. 개혁개방 초창기 외국인에 대한 관리제도나 외국인 투자기업에 대한 우대조치는 외국인과 외국기업에 대해 상당히 우호적이었다. 그러나 중국의 경제정책이 내수 위주, 내륙개발 위주, 고기술 산업 위주의 정책으로 전환되면서, 이에 부응하지 못하는 기업의 경우 우대조치의 철폐는 물론, 더욱 적극적인 제한을 받게 되었다. 초창기 중국에 투자 진출했던 재중 한국기업의 경우, 산업의 형태는 대부분 제3국 수출중심인 노동집약적 산업이자, 지역적으로는 동남부 해안지역에 있었다. 따라서 중국 정책 기조의 변화는 이들에게 심각한 타격을 안겨 주었다. 결국, 동남아 등 제3국으로 이전하든가, 한국으로 귀환하든가, 혹은 중국의 내수시장을 겨냥하는 업종으로 전환하든가 등의 여러 가지 방책을 찾을 수밖에 없도록 압박했다. 즉 중국정부의 정책 기조 전환 리스크에 의해 재중 한국인들은 더욱더 초국가주의적 선택을 강화하게 된 것이다.

나. 재중 한국인의 네트워크와 적응

연결망은 내부자와 외부자의 경계를 마련해 주고 행위자에게 소속감과 귀속의식을 주는 대상이면서 도구적인 수단으로 활용될 수도 있다. 만일 이것이 혈연, 학연, 지연에 기초한 폐쇄적인 연결망으로 변화하여 타 집단을 배제하고 공정성과 사회적 신뢰성을 상실한다면 사회적 자본의 순기능적 역할을 기대하기는 어려울 것이다. 재중 한국인 조직이 폐쇄적이고 파당적인 연줄망에서 벗어나 보다 실천적이고 개방적인지를 가늠하는 것은 중요한 작업의 하나이기도 하다. 본 연구는 재중 한국인의 연결망(네트워크) 분석을 통해 그들만의 폐쇄적인 네트워크를 구축하는지, 아니면 개방적이고 글로벌화된 네트워크를 가지고 있는지를 확인하고자 했다.

또한, 현지사회에 대한 신뢰 및 사회 제 문제에 대한 인식 정도, 경제 사회적 태도에 관해서도 조사했다. 재중 한국인 사회에 대한 신뢰의 정도, 재중 한국인 사회의 제 문제에 대한 인식, 중국 현지사회에 대한 신뢰, 중국 현지사회의 제 문제에 대한 인식 등으로 구성하여 사회적 적응 정도와 과정을 확인하고자 했다.

재중 한국인 이주자 개개인의 문화적 적응 방식을 분석했다. 여가활동, 매체 이용, 교육 등의 영역에서 한국인 이주자들이 보이는 행위 유형은 한국인 이주자 사회의 폐쇄성·개방성, 내향성·외향성을 잘 드러내 주는 지표가 될 수 있기 때문이다.

이주 역사가 짧은 해외 한국인 사회들에 대해 흔히 지적하고 있듯이 재중 한국인 사회가 주류사회로부터 스스로를 문화적으로 격리하고 살아가는 하나의 섬과 같은 생활세계를 가진 것인지, 그렇지 않으면 21세기 전 지구화 시대에 발맞춰 국가나 민족의 경계선을 가로지르는 복잡한 문화적 교차 선들을 적극적으로 그려내고 있는 것인지를 파악하고자 했다.

다. 재중 한국인과 중국 현지인의 상호 인식과 그 변화

문화적응의 또 다른 척도로 재중 한국인과 현지인의 상호 인식과 그 변화를 살펴보았다. 재중 한국인들과 현지인들의 서로에 대한 인식은 어떠하며 어떻게 바뀌어왔는지를 밝히고자 했다. 특히 IMF 금융위기나 사드 사태 및 최근의 재중 한국인 기업 제3국 철수를 계기로 한국인에 대한 현지인의 인식이 어떻게 바뀌고 있는지를 밝히고자 했다.

라. 재중 한국인과 재중 조선족 동포와의 관계

재중 한국인 사회와 조선족 동포 사회의 지도층 인사들과의 인터뷰를 통해 서로에 대한 인식이 어떤지 혹은 어떤 식으로 바뀌어왔는지를 밝히고자 했다. 양자의 관계가 전체적으로 볼 때 협력과 공생 혹은 경쟁 중에서 어떤 모델에 근접한 것인지(혹은 어떤 모델에서 어떤 모델로 전환하고 있는지)를 밝히는 것이 그 목적이다.

제3절 연구방법

1. 현지조사 및 심층 면접

기존 문헌 및 통계 자료, 그리고 사례연구, 구술사 자료를 발굴하고 검토하여 체계적으로 정리 분석했고 동시에 사회학적 설문조사를 진행했다.

현지사회 관찰과 주요 인사에 대한 심층 인터뷰를 통해 양적 연구에서 찾아낼 수 없는 역동적 삶의 궤적을 찾아내고자 했다. 현지조사는 2011년 12월부터 매년 방학 기간을 활용하여 실시했다. 특히 한국인 밀집 거주지역이라는 새로운 공간이 형성된 베이징의 왕징望京, 상하이의 구베이古北, 선양의 시타西塔, 산둥山東성 칭다오靑島 등지에 형성된 코리아타운을 중심으로 현지조사를 진행했다.

현지조사 시 심층 인터뷰는 해당 지역에 거주하는 한국인, 조선족 동포, 그리고 현지 중국인을 구분하여 실시하였으며, 재중 한국인의 경우, 주재원과 유학생은 물론, 그 외에도 주재원이 현지에 정착한 경우, 유학생으로 시작하여 현지에 정착한 경우, 개인적인 사업이민 형식으로 중국에 진출한 경우 등의 정착자에 대해 심층적인 개인사 연구를 포함했다. 동시에 한국상회, 한국인회와 같은 공식조직과 종교조직, 동창회, 동향회 등과 같은 비공식조직의 역할과 기능에 대한 심층 인터뷰 및 참여관찰이 포함되었다.

최근의 변화에 관해서는 지속적인 현지관찰을 시행하였고, 중국 현지에서 귀국한 기업인과 유학생을 면담함으로써 국내에서도 지속해서 진행되었다.

2. 설문조사

본 연구는 문헌연구와 인류학적 질적 방법이 가진 한계를 극복하고 더욱 매크로한 구조를 이해하기 위해 사회학적 설문조사를 진행했다. 설문조사에 포함된 내용은 다음과 같다. (1) 사회·인구학적 특성, (2) 경제활동, (3) 이주와 문화, (4) 가족, (5) 사회참여, (6) 한국과의 관계, (7) 일상생활 등의 내용을 조사항목에 포함했다.

(1) 조사 모집단

'재중 한국인'이란 2013년 6월 1일 기준 중국 내에 거주하고 있는 대한민국 국민으로 규정했다. 조사 대상은 19세 이상 재중 한국인으로 했다. 목표 표본 수는 350명이다.

(2) 표집 방법 및 표본

외교부의『재외동포현황 2013』은 재중 한국인의 거주지 분포를 제시하고 있다. <표 1-3>에 제시된 재중 한국인의 거주지 분포를 고려하여 조사 지역을 선정했다. 중국을 '대도시', '동북3성東北三省', '동부연해지구東部沿海地區 및 기타'의 세 구역으로 나누어, 지역별 표본을 할당했다.

<표 1-3> 재중 한국인의 거주지 분포(2013년)

지역	N	%
대도시	148,015	43.8
베이징北京 1)	106,929	31.6
상하이上海 2)	41,086	12.1
동북3성東北三省 3)	45,230	13.4
선양瀋陽 3)	45,230	13.4
동부연해지구東部沿海地區 및 기타	145,011	42.9
칭다오靑島 4)	83,617	24.7
광저우廣州 5)	53,529	15.8
청두成都 6)	5,067	1.5
시안西安 7)	1,508	0.4
우한武漢 8)	1,290	0.4
계	338,256	100.0

주: 1) 베이징: 베이징北京, 톈진天津, 허베이河北, 산시山西, 칭하이靑海, 네이멍구內蒙古, 신장新疆, 티베트西藏
　　2) 상하이: 상하이上海, 장쑤江蘇, 저장浙江, 안후이安徽
　　3) 선양: 랴오닝遼寧, 지린吉林, 헤이룽장黑龍江
　　4) 칭다오: 산둥山東 [칭다오靑島, 웨이하이威海, 옌타이煙台, 지난濟南, 웨이팡濰坊 등]
　　5) 광저우: 광둥廣東, 푸젠福建, 광시廣西, 하이난海南
　　6) 청두: 쓰촨四川, 충칭重慶, 윈난雲南, 구이저우貴州
　　7) 시안: 산시陝西, 간쑤甘肅, 닝샤寧夏
　　8) 우한: 후베이湖北, 후난湖南, 허난河南, 장시江西
자료: 외교부,『재외동포현황 2013』자료를 이용하여 계산.

<표 1-4> 재중 한국인 사회 표본조사 응답자의 거주지 분포(2013년)

지역	N	%
대도시	101	27.2
베이징北京	34	9.1
톈진天津	28	7.5
상하이上海	39	10.5
동북3성東北三省	47	12.6
랴오닝성遼寧省	29	7.8
헤이룽장성黑龍江省	18	4.8
동부연해지구東部沿海地區 및 기타	224	60.2
산둥성山東省	79	21.2
장쑤성江蘇省·저장성浙江省·광둥성廣東省	115	30.9
윈난성雲南省	30	8.1
계	372	100.0

각 지역에서는 재중 한국인 명부를 입수한 후 계통표집(系統標集, systematic sampling)을 수행했다. 명부를 구할 수 없는 지역에서는 모집단을 잘 반영한다고 생각하는 지역(集落, cluster)을 선정하여, 그곳에서 확률 표집을 시도했다. 총 표본 수는 372명이다. 지역별 표본 수는 <표 1-5>와 같다. 모집단과 표본집단의 지역별 분포를 비교하면, 동북3성東北三省과 산둥성山東省의 비율은 거의 일치하지만, 베이징北京, 상하이上海 등 대도시 거주자 비율이 27.2%로 과소 표집되었고, 장쑤성江蘇省·저장성江蘇省·광둥성廣東省 등 동부연해지구東部沿海地區 거주자 비율이 30.9%로 과다 표집되었다. 표본집단의 응답자 거주지 분포가 모집단의 거주지 분포와 다소 상이하다는 점에 유의하여, 조사 결과를 해석할 필요가 있음을 밝혀둔다.

(3) 조사 기간

본 조사는 2013년 8월~2014년 2월에 시행했다.

(4) 자료수집방법

현지조사는 연구자들이 직접 각 지역사회에 질문지를 배포하여 조사 대상자들이 현장에서 작성하도록 하여 수서하는 방식과 중국 각 지역의 재중국 한국인(상)회 관계자 등의 도움을 받아 질문지를 이용한 면접조사를 수행했다. 실제 배포하여 회수한 질문지 수는 377부였지만, 부실 응답 사례 5부는 분석에서 제외하고, 372부를 최종 표본으로 했다.

(5) 본 조사 응답자의 기본특징

남성 응답자가 74.2%, 여성 응답자가 25.8%로 남성 응답자가 압도적으로 많고, '연령대'로 보면 40대가 42.6%로 가장 많고, 50대 이상이 31.4%, 30대 이하 26.2%의 순이다.

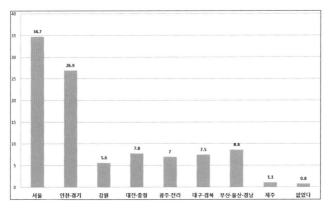

자료 출처: 설문지 조사 결과 필자 정리

<그림 1-1> 응답자의 한국 내 거주지역 (단위: %)

'한국 내 거주지별'로 보면 서울이 34.7%로 가장 많고, 인천·경기 26.9%, 부산·울산·경남 8.6%, 대전·충청 7.8%, 대구·경북 7.5%, 광주·전라 7.0%·강원 5.6%와 제주 1.1%의 순이다.

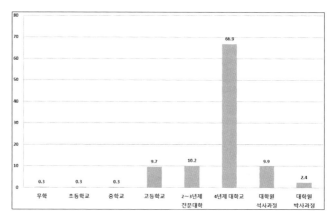

자료 출처: 설문지 조사 결과 필자 정리

<그림 1-2> 응답자의 학력 구조 (단위: %)

'응답자의 학력'을 보면 전체적으로 대학교가 66.9%로 가장 많고, 대학원 이상 12.3%, 전문대학 10.2%, 고등학교 9.7%의 순으로 나타났다.

현재 사는 지역이 한국인 밀집 지역인 응답자가 72.3%, 그렇지 않은 응답자가 26.9%로 많은 수가 한국인 밀집 지역 거주자이다.

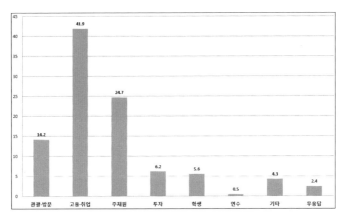

자료 출처: 설문지 조사 결과 필자 정리

<그림 1-3> 응답자의 비자 종류와 법률적 상태 (단위: %)

    <그림 1-3>은 비자 종류와 법률적 상태에 관한 조사 결과다. 먼저, '비자 종류'를 보면 전체적으로 고용 취업이 41.9%로 가장 많고, 주재원 24.7%, 관광 방문 14.2%의 순이었으며 연수는 0.5%로 가장 적다.

제2장

정치영역에서의 재중 한국인의
초국가주의 실천

글로벌 시대에 활동하고 있는 우리는 현재 발생하고 있는 각종 초국가적 사회관계에 관심을 가져야 한다. 소위 정치적 영역에서의 초국가주의 실천이란 이주자들이 거주지와 이출지 모국 간 연계된 정치적 관계를 형성시키고 유지하는 행위를 가리킨다.[21] 초국가적 정치란 개인이나 집단, 정부 혹은 비정부 조직이 진행하는 활동으로, 이출지 모국과 거주국 혹은 양자의 각 커뮤니티에 영향을 끼치기 위한 정치적 과정과 정책으로 정의할 수 있다. 이러한 정치 활동은 거주국을 떠나지 않은 상태에서, 모국의 정당, 단체 및 선거에 직접 참여한다든가, 경선 활동이나 모국의 정치 관련 회의에 참여하는 등의 활동을 포함한다.[22] 또한, 시민권, 이민, 무역이나 기타 거주국에서의 생활적응 등과 관련된 제도적 차원의 활동을 포함한다.

제1절 정치적 측면에서 살펴본 한중관계의 변화

1992년 한중 수교 이후 지난 25년여 동안 양국의 정치, 경제, 문화 등 각 방면의 교류는 매 시기 새로운 단계로 도약하며 눈부신 발전을 거듭해 왔다. 특히 냉전 구도 속에서 수십 년간 단절되었던 양국이 1992년 한중 수교로 국교를 정상화한 이후 지금까지, 양국 관계는 정부가 바뀔 때마다 외교 관계가 격상될 정도로 양적·질적 발전을 거듭

---

21) Linda Basch, Nina Glick Schiller, and Cristina Szanton Blanc, *Nations Unbound: Transnational Projects*, Postcolonial Predicaments, and Deterritorialized Nation-States(Basel: Gordon and Breach), 1994, p.7.

22) Eva Østergaard-Nielsen, "The Politics of Migrants Transnational Political Practices", *International Migration Review*, 37(3), 2003, pp.760-786.

했다. 중국의 공산화와 더불어 형성된 양국의 적대관계는 빠르게 청산되었고, 양국 관계는 수교 단계의 '선린우호 관계'에서 김대중 정부가 출범하는 1998년부터는 협력동반자 관계協力同伴者關係를 구축했다. 중국외교에서 '동반자 관계'는 비동맹非同盟, 비적대非敵對, 제3국에 대한 적대 금지의 의미를 지닌다.[23]

또 다른 5년 후인 2003년 노무현 정부와 중국의 후진타오 체제가 동시에 등장하면서 한중 양국은 '전면적 협력동반자 관계'로 협력의 폭과 대상을 넓혔으며, 이명박 정부 출범 이후 2008년 중국의 대외관계에 있어서 최고단계라고 할 수 있는 '전략적 협력동반자 관계'로 발전했다.[24]

양국이 '전면적' 협력 관계에서 '전략적' 관계로 격상된 것은 양국 경제협력의 기반을 군사안보의 협력으로까지 발전시킨 것이고, 더 나아가 지역과 국제문제에 대해서도 전략적 협력을 이루는 외교 관계의 틀을 의미한다.[25]

양국 관계가 전례 없이 빠른 속도로 발전할 수 있었던 것은 무엇보다도 지리적 근접성과 더불어 오랜 역사를 통하여 축적된 문화적 동질성, 그리고 경제구조의 상호보완성이 크기 때문이라고 할 수 있다. 그러나 그에 못지않게 21세기 동아시아와 한반도 정세에 대해 양국이 공유하고 있는 전략적 공동인식이 중요한 요인으로 작용했다고 볼 수 있다. 다시 말해 한국과 중국은 기본적으로 탈냉전 시기 동아시아와 한반도의 안정과 평화, 공동 번영에 공동의 이해관계를 가지고 있기 때문이다.

---

23) 金正昆·乔旎, 「當代中國外交新理念探析」, 『教學與研究』, 2007(3); 김흥규, 「중국의 동반자외교소고: 개념, 전개 및 함의에 대한 이해」, 『한국정치학회보』, 제43집 제2호, 2009, 287-305쪽.

24) 그보다 더욱 격상된 관계는 전통적 우호 관계나 혈맹관계를 들 수 있으나, 이러한 관계는 역사적 관계이기 때문에 중국의 대외관계에 있어서 최고의 단계는 전략적 협력동반자 관계라고 할 수 있겠다.

25) 이희옥, 「중국의 부상과 한중관계의 새로운 위상」, 『한국과 국제정치』, 제28권 제4호 2012년(겨울) 통권 79호, 2012, 1-28쪽.

전략적 협력 동반자 관계

전면적 협력 동반자 관계

협력 동반자 관계

선린우호협력관계

1992년 1993년 1994년 1995년 1996년 1997년 1998년 1999년 2000년 2001년 2002년 2003년 2004년 2005년 2006년 2007년 2008년 2009년 2010년 2011년 2012년 2013년

자료 출처: 필자 작성

<그림 2-1> 한중 양국의 외교 관계 변화

한중 양국은 당, 정부, 의회 등의 지도급 인사 교류 확대를 통해 양국 관계 발전의 기반을 지속해서 강화했고, 특히 양국 고위 지도자의 상호 방문교류를 적극적으로 추진했다. 한중 양국의 정상은 상호 국빈 방문 및 국제회의 참석 등 다양한 계기를 통해 활발하게 교류해 왔다. 의회와 정당 간 교류도 활발하게 진행되었다. 1992년 12월 한중 의원 친선협회, 1993년 6월 중한 의원친선협회가 결성되었으며, 2006년 한국 국회-중국 전인대全人大[26]간 정기교류 협력 의정서 체결 등을 계기로 양국 의회 간의 교류 협력 역시 나날이 발전하고 있다.

이 밖에도 한중 양국 정상들의 국방과 안보에 대한 포괄적 협력 강화 노력과 국방 분야 고위 인사 간의 빈번한 교류와 접촉을 통해, 한반도의 평화와 안정 및 지역 안보 관련 협력을 증진해 나가는 한편, 양국 군은 '전략적 협력동반자 관계'에 걸맞은 국방교류협력을 지속 발전시켜 나가고 있다. 한중 양국은 2013년 6월 박근혜 대통령의 중국 방문, 2014년 7월 시진핑 주석의 방한, 2015년 9월 박근혜 대통령의 9·3 열병식 참석 등 양국 정상들의 국방·안보 분야에 대한 포괄적인 협력

---

26) 중국 전국인민대표대회[全國人民代表大會]의 약칭임.

필요성 인식 및 군 고위급 상호방문 정례화, 국방 전략대화 개최 등 다양한 소통 채널을 강화함으로써 양국의 국방·군사협력 및 신뢰구축을 강화했다.

이러한 협력 관계는 더욱더 공고해졌는데, 2013년 6월 박근혜 대통령 방중을 계기로 '한·중 미래비전 공동성명'을 채택해 '한·중 전략적 협력동반자 관계 내실화' 목표에 합의했다. 또한, 2014년 7월에는 시진핑 중국 국가주석의 방한을 계기로 '한·중 공동성명'을 채택했고, 양국 간 협력 성과를 평가하고 양국 관계를 보다 내실화하기 위한 보다 상세한 구체 방안에 합의, 한중관계 발전을 위해 지속 노력해 나가기로 했다.27)

이상과 같이 양국의 최고지도자 사이의 빈번한 상호방문을 바탕으로 양국 간 협력 관계는 전략적 협력동반자 관계로 격상했으며, 그의 실천을 위한 한중간 공동성명을 채택함으로써, 한중 양국은 더욱 발전적인 미래를 함께 구상하게 되었다.

지금까지, 한중 양국 정상 간 교류 및 양국 공동성명 현황을 정리하면 아래와 같다.

<표 2-1> 한중 양국 정상 간 교류 및 체결 공동성명

연도	내용
1992년 8월	대한민국과 중화인민공화국 간의 외교 관계 수립에 관한 공동성명
1992년 9월	노태우 대통령 국빈 방중
1994년 3월	김영삼 대통령 국빈 방중
1995년 11월	장쩌민江澤民 주석 국빈 방한
1998년 11월	김대중 대통령 국빈 방중, 한·중 협력동반자 관계 선언
1998년 11월	김대중 대통령 국빈 방중 계기로 한·중 간 공동성명
2003년 7월	노무현 대통령 국빈 방중, 한·중 전면적 협력동반자 관계 선언

---

27) 주중대한민국대사관, 한중관계, http://chn.mofa.go.kr/ (검색일: 2017년 4월 22일)

2003년 7월	노무현 대통령 중국 국빈방문 계기로 한·중 간 공동성명
2005년 11월	후진타오胡錦濤 주석 국빈 방한 계기로 한·중 간 공동성명
2006년 10월	노무현 대통령 실무 방중
2008년 5월	이명박 대통령 국빈 방중, 한·중 전략적 협력동반자 관계 합의
2008년 5월	이명박 대통령 국빈 방중 계기로 한·중 간 공동성명
2008년 8월	후진타오胡錦濤 주석 국빈 방한
2008년 8월	후진타오胡錦濤 주석 국빈 방한 계기로 한·중 간 공동성명
2012년 1월	이명박 대통령 국빈 방중
2013년 6월	박근혜 대통령 국빈 방중, 한·중 미래비전 공동성명 채택
2014년 7월	시진핑習近平 주석 국빈 방한
2017년 12월	문재인 대통령 국빈 방중

자료 출처: 외교부, 주중국 대한민국대사관 자료 필자 정리

이와 같이 한중 양국은 상호 간 교류 협력의 확대를 위해 지속적인 외교적 노력을 계속해 왔다.

제2절 중국 현지에서의 정치적 역량 제고 노력

초기에 투자한 한국기업들은 대부분 홍콩을 경유하여 중국에 투자했고, 탐색적 투자답게 지리적으로 가까운 산동성 지역에 집중되었으며, 소규모의 특징을 갖고 있다.[28] 이 시기의 한국 투자기업들은 현지사회에 대해 본능적인 반감과 냉담, 돈 벌면 곧 떠난다는 전형적인 과객 심리를 가졌다. 따라서 기업에 문제가 발생해도 현지정부와 대화 채널을 구축하여 해결하려 하기보다는, 개인적 관계를 통해 상급기관에 압력을 넣거나 혹은 언론에 알리는 등 외부의 힘을 빌려 문제를 해결하려

---

28) 金潤泰,「福建台商與山東韓商的比較: 產業連結, 政商關係與社會互動」,『台商與兩岸關係硏討會論文輯』, 香港, 嶺南大學, 2000.

하는 형태를 보였다.

그러나 중국의 투자환경이 지속해서 개선되고 초기 투자자들의 이익 실현이 현실적으로 나타나자, 한국기업인들도 분산형에서 집단형성으로, 갈수록 많은 기업이 관련 업종 간 유기적인 연결 구조를 취하며 대거 장기형 투자로 그 성격을 달리하기 시작했다.

중국투자 한국기업인들이 현지사회에 내해 갖고 있던 심리에도 상당한 정도의 변화가 일어나기 시작했다. 재중 한국인들이 초기와는 달리 공산당에 대한 태도도 변화했고 현지사회에 대한 태도 또한 변화했다. 공동으로 발전하고자 하는 현지화 의식이 매우 강하게 표출되고 있음을 여러 곳에서 확인할 수 있었다.

중국투자 한국기업인의 현지사회에서의 이러한 변화와 더불어 이들의 정치적 역량 형성에 대한 필요성 및 요구 또한 이전과는 확연히 달라졌다. 중산시中山市 소재 한국기업 중에는 중국공산당의 대표적 구호인 '3개 대표三個代表'란 글자를 새긴 편액을 공장에 걸고 기업 간부와 직원들이 '3개 대표'의 정신을 학습하고 실천하도록 장려하는 기업도 생겨났다(인터뷰노트 GD02-20140719).

한편 선전과 광저우의 일부 한국기업은 할 수만 있다면 자신들도 중국의 '정치협상회의'와 '인민대표대회'의 대표로 참여하여 외자기업의 이익을 보호할 수 있게 되기를 희망하고 있었다(인터뷰노트 GD01-20140718).

물론 이러한 움직임은 한국기업이 이미 현지사회에 적극적으로 편입되기를 희망하는 증거이며 그들의 정치적 공간의 필요성과 정치적 역량확대를 적극적으로 요구하고 있음을 증명하는 것이기도 하다. 이러한 정치적 역량의 확대가 현실적으로 받아들여질지는 아직 미지수이다. 다만 재중 한국기업인들이 그들의 현지사회에서의 정치적 역량확대를 위해 집단적 차원의 노력을 하는 것은 사실이다.

　재중 한국인들의 권익 보호를 위해 대한민국 정부 역시 여러 가지 제도적 지원을 제공하고 있다. 주중국 대한민국대사관 산하에 지역별로 총영사관을 설치 운영하고 있다. 또한, 재중 한국인(교민)과 진출기업의 현지적응과 권익 보호를 위해, 각급 지원기관도 갈수록 많이 설치 운영되고 있다. 이와 같은 공공기관, 공기업, 금융기관 등의 증가는 재중 한국인들의 권익 보호는 물론이고 정치적 역량의 증대와도 무관치 않을 것이다. 공공기관과 공기업은 재중 한국인의 기업 활동과 생활적응에 관련된 제반 문제를 중국정부와 직접 대화할 수 있는 유력한 창구가 될 수 있기 때문이다.

1. '중국 한국상회'와 '재중국 한국인회'를 통한 정치 참여

　공공기관의 설치 운영과는 별도로 중국 내 한국인들의 자율적 사회단체도 점차 증가하고 있는 추세이다. 현재 파악되고 있는 주요 사회단체로는 '재중국 한국인회', '중국 한국상회' 및 '재중국 한국유학생회', 각종 종교단체, 동호회 및 동향회 등 친목 단체 등이 있다.

1) 재중국 한국인회

　'재중국 한국인회'의 경우, 재중 한국인의 친목 도모, 권익 신장, 복지향상 및 한중 간 민간차원의 우호 협력 증진의 목적하에, 1999년 12월에 설립되어 2002년 2월에 중국정부에 외국인 민간단체로 등록 신청하였으나 중국 측 법규 미비로 인해 아직 미등록상태에 있다. 따라서 지역에 따라 상공인을 중심으로 구성된 '중국 한국상회'와 통합되기도 하고 분리 운영되기도 하는 등, 중국 내 거주 한국인을 대표하는 대표 단체로서 활동하고 있지만, 공식인정이 안 된 조직이기 때문에 중국정 부와 직접적인 채널을 구축하여 파트너로서 활동하는 데는 여전히 구 조적 한계를 갖고 있다. 물론 비공식적이지만 지속해서 재중 한국인의 권익 보호를 위해 많은 활동을 하고 있다. 예를 들면, 사드 배치 문제 로 재중 한국인 사회의 불안과 피해가 예상되는 상황에서 한국정부의 실질적이고 적극적인 조치를 촉구하는 서한을 주중 한국대사관에 전달 하는 등 재중 한국인 사회의 권익 보호를 위해 여러 가지 활동을 진행 하고 있다.

2) 중국 한국상회中國韓國商會

(1) 조직구조 및 주요 직능

이보다 앞서 중국진출 한국기업들로 구성된 경제단체로서 '중국 한 국상회'가 활동하고 있다. 2017년 현재 베이징지역을 포함하여 44개 지역에 각 지역 한국상회가 구성되어 있으며 가입한 회원사는 총 6,000여 개 기업으로 파악되고 있다.[29] 중국에서는 외국계 상회일지라 도 중국의 상급단체에 소속되며, 중국정부로부터 사회단체에 준하는 일정한 감독을 받게 된다.

중국은 국제무역과 경제기술을 촉진하고 외국의 상인협회에 대한 관 리강화를 위해, 또한 외국계 상인협회의 합법적 권익의 보장을 위해 1989년 '외국상인협회관리잠정규정'[30]을 제정한 바 있다. '중국 한국상

---

[29] 최근 중국 한국상회에서 발간한 백서에는 총 48개 지역 상회에 6,000여 회원사가 활동하고 있다 고 밝히고 있기도 하다. 약간의 층차가 발생하는 것은 유명무실한 지역 상회의 유지 여부를 놓고 이견이 있었기 때문으로 파악된다.

회(이후 약칭 '한국상회')'는 상기 규정에 의거 설립된 비영리적 민간협회로, 중국의 주관부서, 즉 심사기관인 대외경제무역부對外經濟貿易部와 등록관리기관인 민정부民政部의 관리 감독을 받도록 규정되어 있다. 그러나 상기 규정 제7조 및 제11조에 의하면, '한국상회'와 중국정부 주관부서 사이를 연결하는 채널로 '중국 국제상회(China Chamber of International Commerce, CCOIC)[31]'를 지정해 놓고 있다. 설립신청서를 '국제상회'를 거쳐 심사기관인 대외경제무역부로 심사의뢰하도록 규정하고 있으며, 매년 1월에 '국제상회'를 거쳐 심사기관(대외경제무역부)과 등록관리기관(민정부)에 1년 동안의 활동 보고서를 제출하도록 규정하고 있다. 그뿐만 아니라 '국제상회'는 외국상회를 위해 중국의 관련 주관기관과의 연계 및 자문 등 각종 서비스를 제공하도록 규정하고 있다.

한편, '한국상회'는 한국 측의 대한상공회의소(Korea Chamber of Commerce & Industry, KCCI)와 밀접한 관계를 유지하며 여러 가지 협조를 받고 있기도 하다. 이는 '한국상회'의 설립이 '대한상공회의소'의 '한중민간경제협의회'의 출범과 무관치 않기 때문이다. '대한상공회의소'의 '한중민간경제협의회'는 1992년 8월 한중 국교수립 직후 양국 민간경제교류의 활성화 및 상호이해 증진을 목적으로 1992년 8월 26일 설립되었다. 업무협력 파트너인 '중국국제무역촉진위원회(China Council for the Promotion of International Trade, CCPIT)'의 '중한민간경제협의회'와 유기적인 협조를 바탕으로 대중국 민간경제협력 창구

---

30) 外國商會管理暫行規定(1989년 6월 14일, 국무원령 제36호 공표)

31) '중국 국제상회'와 '중국국제무역촉진위원회(China Council for the Promotion of International Trade, CCPIT)'는 명칭만 다를 뿐 같은 기관이다. http://www.ccpit.org/Contents/Channel_40/2006/0529/1045/content_1045.htm

로서 경제사절단 파견 및 영접, 정·재계 인사와의 교류, 대중국 통상 및 투자 관련 조사 연구사업, 중국 관련 정보수집, 그리고 중국진출 한국기업의 현지 활동 지원 등 다각적인 사업을 전개하고 있다.

<그림 2-2>와 같이 '한국상회'는 중국 측으로는 '국제상회'를 통해 주무 기관인 '대외경제무역부'와 '민정부'의 관리 감독을 받게 되어 있으며, 한국 측으로는 '대한상공회의소'의 협조를 받고 있다.

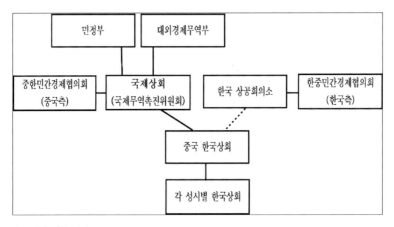

자료 출처: 필자 정리

<그림 2-2> 중국 한국상회 외부 조직도

'한국상회'는 중국정부에 공식적으로 등록된 사회단체로서 회칙 제4조에 의거 다음과 같은 업무 범위와 직능을 수행하도록 규정하고 있다.

① 회원의 의견수렴 및 관계기관에 대한 애로사항 건의

② 한·중 경제정보 수집 및 제공

③ 지역별 업무협력

④ 회원 상호 간의 정보 교류

⑤ 회원 상호 간의 친목 활동 지원

⑥ 기타 본회의 목적달성을 위하여 필요한 사업

이에 따라 현재 진행하고 있는 주요 사업으로 경제정보의 이메일 서비스, 중국경제단신 저널 발간, 최신 중국경제법령집 발간, 홈페이지를 통한 정보제공, 기업 경영 상담 센터 운영, 한국기업의 권익 대변, 대사관과의 정보교류회 개최, 회원사 간 정보 교류의 증진, 중국정부 기관 및 단체와의 교류 등의 사업을 전개하고 있다.

이상과 같이 '한국상회'는 비록 '국제상회'를 경유하는 간접적인 채널의 성격을 갖고 있긴 하지만, 중국정부 주관부서와의 소통을 책임지는 유일한 단체임을 확인할 수 있다.

(2) 대정부 협상 기제

'한국상회'는 '개체사영경제협회' 혹은 '대만투자기업협회'와는 달리 인사방면에 있어서나 재무관리방면에 있어서 중국정부의 직접통제하에 있지는 않다. 따라서 비교적 높은 수준의 독립성을 보장받을 수는 있으나, 역설적으로 중국정부와의 밀착 관계로 인한 소통체계의 확립은 더욱 뒤떨어지는 것으로 판단할 수 있다. 그와 같은 점을 뒷받침하는 증거로 다음과 같은 점을 지적할 수 있다.

우선, 규범화된 대중국정부 채널의 부재를 지적할 수 있다. 현재 중국의 '개체사영경제협회'는 '연석회의 제도'를 통해, '대만투자기업협회'는 '협력회의 제도'를 통해 중국정부의 주관부서와 긴밀한 협조체계를 제도화하여 운영하고 있다. 그러나 '한국상회'의 경우 이렇게 제도화된 회의체계가 부재한 채 운영되고 있다. 비록 중국 중앙정부 및 지방정부를 비롯하여 각급 경제단체와 주중 외국상회와의 네트워크를 통하여 한국기업들과 중국기업 및 기타 외국기업과의 교류와 협력을 촉진하는 것이 주요 업무 중의 하나로 소개되고 있긴 하지만,[32] 그 빈도와 성과를 기대하긴 어려운 정도이다.

단지, 유일한 상설기구라 할 수 있는 '한중상사분쟁조정센터'의 설립 운영(안)을 들 수 있다. 이 기구는 한중기업 간에 발생한 분쟁을 효율적으로 조정할 수 있는 상설기구를 통해 회원사의 애로 해결을 도모한다는 목적하에 추진되고 있으나 아직 공식적으로 출범한 단계는 아닌 것으로 확인된다. 이 상설기구가 공식 출범하고 운영되더라도 운영 주체가 '한국상회'와 '중국 국제상회 조정센터'이고, 임원회의의 중국 측 조직구성도 정부의 주관부서가 아닌 '국제상회'의 중재위원회 중재원 중에서 선발 위촉되는 점으로 미루어, 그 범위와 효과의 한계를 지적하지 않을 수 없다.[33] 예컨대, 분쟁이 발생한 경우 사후처리에 집중할 수밖에 없는 구조적 한계를 갖게 된다는 점이다. 사전에 한국기업이 부딪히는 여러 가지 문제를 종합 논의하고 이를 정부 정책에 반영할 수 있는 체계로서는 역할을 하지 못한다는 한계를 지적할 수 있다.

둘째로, 간접적 관계 형성이 가진 한계를 지적할 수 있다. '대만투자기업협회'와 중국정부 기관과의 협력 채널인 '대만기업연락팀 협력회의 제도台商聯絡小組協調會議制度'의 경우, 지역별로 부시장, 세관, 공안국 등 중국 관련 부서의 책임자들이 직접 참여하는 상설회의이다. 그러나 '한중상사분쟁조정센터'의 경우 그 중국 측 운영 주체가 관련 부서의 책임자들이 아닌 '국제상회'의 중재위원회가 된다. 따라서 이러한 간접적

---

32) 중국 한국상회, 『주요업무소개』, http://www.korcham-china.net/

33) 한중상사분쟁조정센터의 설립 운영(안)에 따르면, 임원 회의는 주석으로 양측이 각 1명, 부주석 약간 명, 고문 약간 명을 둘 수 있고 한국 측은 베이징 및 각 지역협의회 인사를 추천받아 위촉하고 중국 측은 국제상회 중재위원회 중재원 중 선발 위촉하도록 규정되어 있다. http://www.korcham-china.net/

관계의 형성이 직접적인 관계의 형성에 비해 어느 정도의 효율성을 담보할 수 있을지 회의하지 않을 수 없다.

마지막으로, 각 지역 한국상회의 특수성을 제대로 살릴 수 없는 구조적 문제를 지적할 수 있다. 상기한 대만투자기업협회와 중국정부 간채널(협력회의제도)은 이제 전국 각 지역에 체계적으로 구성되고 있으며, 각 지역 '대만투자기업협회'의 중요한 대정부 협상 채널로 이용되고 있다. 그러나 '한국상회'의 경우, 현재로서는 각 지역 협회가 베이징의 분회형식을 갖추었을 뿐 독립적인 비준을 받지 못한 상태이다. 따라서 중국의 지역별 특성에 따라 일어날 수 있는 제반 문제에 대한 적절한 협상과 정책반영을 기대하긴 어려운 형편이다.

종합하면, '한국상회'와 중국정부 간 제도적 채널 형성이 부재한 상태에서 각 지역의 '한국상회'는 각기 사안별로 혹은 부정기적으로 대정부 채널을 운용할 수밖에 없는 형편으로 '중국개체사영경제협회'나 혹은 '대만투자기업협회'에 비해 대정부 협상 능력이 현저히 떨어질 수밖에 없는 구조적 문제에 처해 있음을 확인할 수 있다.

다시 말해서, '한국상회'는 각 지역에서 자발적으로 경제조직을 구성하여 활동했고, 급기야는 전국적인 통합네트워크를 구성하였다. 이 조직은 직간접적으로 중국투자 한국기업의 성장에 적극적 역할을 수행하였다. 이 조직은 집단 내부의 규율과 규칙을 강제하는 기능이 있어 한국인의 결속력을 강화하는 역할을 했을 뿐 아니라, '신뢰'를 바탕으로 기업 간의 거래비용 절감, 시장 개척, 경제적 시너지 효과를 향상하는 역할도 담당했다. 그러나 중국정부가 설계한 구도하에서 중국정부와의 소통 채널 역할을 하는 데는 여전히 미흡하다.

다행히 재중 한국인의 진출 역사가 오래됨에 따라, 현지정부와의 소통 채널 구축에 많은 진전이 있었다. '한국상회'는 대한상의 북경사무소와 공동으로 지난 2011년부터 격년제로 한국기업백서를 발간하고 있다. 이 백서는 중국에 진출한 한국기업의 업종별 동향과 경영 애로를 파악하여 투자환경 개선을 위한 정책 건의 자료로 활용하기 위해 발간하고 있다.34) 백서에 수록된 의견과 건의는 중국정부 관련 부서에 전달되며, 재중 외국기업, 특히 재중 한국기업의 투자환경 개선과 관련 정책 제정에 중요한 역할을 할 수 있을 것으로 기대된다. 또한, 주중 한국대사관 상무관의 기대와 같이, 한중 양국 간 경제협력의 심화발전을 위한 유익한 자료로 활용될 수 있을 것으로 기대된다.

이상과 같이, 비록 그 효과는 분명한 구조적 한계를 가질 수밖에 없다 할지라도, 재중 한국인회와 중국 한국상회는 재중 한국인 사회의 정치적 공간과 정치적 역량확대를 위해 집단적 노력을 계속하고 있다는 사실을 확인할 수 있었다.

제3절 중국의 외국인 관리제도와 재중 한국인

중국은 이미 세계적으로 가장 큰 인구 압박을 받는 국가이기 때문에 이민을 적극적으로 받아들이는 국가가 아니다. 따라서 이민역사와 이민정책에 대해 논의하기보다는 외국인 정책, 외국인 유입에 대한 역사, 외국인 관리제도를 정리하는 것이 더 적절할 것이다.

외국인에 관한 법률과 제도적 차원의 관리체제 구축은 청말, 혹은 중화민국 시기로 거슬러 올라갈 수 있다. 그러나 당시 국가의 역량이

---

34) 중국 한국상회, http://www.korcham-china.net/ (자료검색일: 2017.05.11.)

외국인 관리에까지 미칠 형편이 되지 않아 외국인에 대한 관리는 사실상 방임 상태였다. 그 후 1949년 중국대륙에 사회주의 정권인 중화인민공화국이 수립되고 나서도 이러한 형편은 이른 시간 내에 크게 변화하지 않았다. 중화인민공화국의 건국에서 1978년 개혁개방 정책의 시행으로 대외적으로 개방하기까지 중국에 입국한 외국인이라면 대부분 구소련과 동구 국가의 사람들로 그 수 또한 많지 않았다.[35] 그러나 개혁개방 정책이 시행되고 나서부터는 이러한 상황에 변화가 일기 시작했다. 1980년대 중반부터 시작하여 중국에 입국하는 외국인의 수가 점차 증가했으며 그 국적 또한 다양해지기 시작했다. 개혁개방과 WTO 가입은 중국사회의 전반적인 변화와 더불어 외국인의 대량유입을 촉진했으며, 외국인의 장기적인 정주가 현실적인 문제가 되기 시작했다. 중국 공안부의 통계에 의하면, 2010년 외국인의 입출국은 모두 5211.2만 명으로 전년 대비 19.2%가 증가했고, 불과 9년 전인 2001년의 2,239만 명보다는 133%나 증가했다.[36] 이렇게 외국인의 대량유입이 현실화되었지만, 중국의 외국인 정책은 아직도 여전히 보수적이고 국제화가 비교적 덜 진척된 모습이라고 할 수 있다.

다음에서 우리는 중국에서의 외국인 정책의 변천사와 더불어 외국인 정책과 외국인 관리체제의 특징을 논의할 것이다. 이를 위해 중국 중앙정부의 외국인 관련 웹 사이트와 관련 기관이 발행한 주요 자료들, 그리고 기타 학술연구 문헌 등의 문서자료를 참조했다. 이를 통해 재중 한국인의 현지 생활에 있어서 제도적 적응의 모습을 분석하고자 한다.

---

35) 여기에서 중국은 1949년 이후 중국대륙을 실질적으로 지배하고 있는 중화인민공화국 정부를 지칭한다. 이후 중국으로 통칭한다.

36) 潘向泷·秦总根, 「广州外国人犯罪与防控机制研究」, 『政法学刊』, 2011(5), 1쪽.

1. 외국인 정책의 패러다임 변동

1949년 중화인민공화국이 수립되고 나서 중국에서는 두 가지 형태의 국가발전 패러다임이 실험되면서 지금에 이르렀다. 즉 사회주의로의 사회개조를 강조한 마오쩌둥식의 '사회주의 개조' 패러다임과 중국적 특색을 갖춘 사회주의를 표방하면서 시장경제를 도입한 덩샤오핑식의 '개혁개방' 패러다임이 그것이다. 이러한 변화는 중국의 외국인 정책에도 그대로 반영된다.

중국의 외국인 정책은 '대부분 축출'에서 '제한적 허용'의 변화과정을 경험했다. "집 안을 깨끗이 정돈하고 다시 손님을 받아들이자"라는 구호는 갓 건국한 중국의 3대 외교방침 중의 하나였다. 이 방침에 근거하고 또한 제국주의의 특권과 그 영향을 근절하기 위해서 중국 공안부는 중국 전 지역의 외국인에 대해 제국주의 국가와 사회주의 국가를 구분하여 축출대상을 선정하는 작업을 진행했다. 즉, 일부 필요한 외국인을 제외하고는 대부분을 축출하는 '축출정책'을 시행했다. 당시 전국적으로 약 20여만 명의 외국인이 축출되었다고 알려진다. 당시 외국인이 가장 많이 거주했던 상하이의 경우, 1949년 12월 통계에 의하면, 당시 상하이 거주 외국인 55,944명 중 절대다수인 5만 5천여 명이 차례대로 강제 출국당했다. 1979년 말까지 상하이 거주 외국인은 겨우 770명이었는데, 그중에는 조선인, 월남인, 몽고인 등이 약 300여 명 포함되었다.[37]

이러한 '축출정책' 하에서 중국거주 외국인과 중국 방문 외국인은 날이 갈수록 감소했다. 그뿐만 아니라 많지도 않은 외국인에 대해서도 엄

---

37) 柯卫, 雷宏, 「改革开放三十年上海外国人证件管理的变化」, 『上海公安高等专科学校学报』, 2009(2), 65-69쪽.

격하게 관리했다. 외국인을 엄격하게 관리하기 위해 중국은 일련의 외국인관리법률을 반포했다. 1951년 반포된 『외국인 거류등기 및 임시규칙』, 1954년 반포된 『외국인 출국 임시방법』, 『외국인 거류등기 및 거류증 비자발급 임시방법』 그리고 『외국인 여행 임시방법』, 1964년 반포된 『외국인 입국 출국 경유 거류 여행관리 조례』 등이 그것이다. 이러한 법률을 근거로 외국인의 출입국과 경유를 엄격하게 관리하고 통제했다. 개혁개방 전 중국에 장기 거주하는 외국인은 단지 다음과 같은 네 종류에 불과했다. 즉 공식적 외교 인원과 그 친족, 중국을 원조하는 소련 전문가, 중국의 우호 국가에서 파견한 제한된 수의 유학생, 그리고 현지정부의 박해를 피해 중국으로 피난한 공산당원 혹은 좌파인사 등에 불과했다. 이렇게 혁명 이데올로기의 색채가 농후한 '축출정책'은 외국인 이민을 말소시키기에 충분했다.

1979년 개혁개방 정책의 시행과 더불어 중국의 외국인 정책 패러다임에 큰 변화가 시작되었다. 기존 시행했던 '축출정책'과는 달리 제한적이지만 개방된 태도를 보이기 시작한 것이다. 1985년 반포된 『외국인 입출국 관리법』은 외국인의 중국 정주, 장기 혹은 영구적 거류를 조건부로 허가하기 시작했다. 이 당시의 외국인은 비록 개혁개방 전의 축출정책 영향을 받지는 않았지만, 각종 제한을 받고 있었다. 게다가 중국의 문이 처음 열리고 인구 유동의 주요 방향은 중국인이 해외로 나가는 것이었다. 중국에 들어와 장기 혹은 영구적으로 거류를 하는 외국인은 매우 제한적이었다. 상하이를 예로 들면, 1980년 상하이거주 외국인은 겨우 624명에 그쳤는데, 1985년 약 3,000명으로 증가했고, 1990년에는 4,110명으로 늘어났다.[38] 그러나 이러한 제한적 증가추세는 90

---

38) 李明欢, 『国际移民政策研究』, 厦门, 厦门大学出版社, 2011, 326쪽.

년대 들어서 대폭으로 증가하는 추세로 전환되었다. 1990년대 사회주의 시장경제의 개혁 방향이 결정되자 개혁개방은 본격적으로 추진되었고, 중국에 상주하는 외국인의 수적 규모 역시 수직적으로 상승하기 시작했다. 1993년 상하이에 상주하는 외국인은 1만 1천 명이었으나 2005년에는 10만 명을 넘어섰고 2007년에는 13만 8천여 명으로 대폭 증가했다.[39] 중국에 상주하는 외국인의 수가 증가함에 따라 장기 혹은 영구 거류의 신분획득을 요구하는 외국인 역시 증가했다. 이러한 요구에 부응하기 위해 2004년 8월 15일 공안부와 외교부가 합동으로 『외국인의 중국에서의 영구거류 심사 비준 관리방법』을 반포함으로써 외국인이 중국에서 영구 거류할 수 있는 조건과 신청절차에 대해 명확히 규정했다. 이는 중국이 글로벌화된 국제적 조류에 부응하여 그린카드 제도를 시행함으로써 고급인재를 확보하고자 하는 것을 의미한다. 그러나 관련 규정을 통해 볼 때, 중국의 '그린카드'를 취득할 수 있는 문턱은 절대 낮지 않다는 것을 알 수 있다. 이것이 매년 중국의 그린카드를 획득하는 외국인이 불과 수백 명에 지나지 않는 원인이 되기도 한다. 중화인민공화국의 건국에서 개혁개방 정책의 시행까지, 중국은 제국주의 식민지 역사의 기억과 냉전 이데올로기의 질곡에서 벗어나지 못하고 줄곧 외국인의 중국거주와 국적취득에 대해 배척과 경계, 보수적 태도를 견지했다. 개혁개방 정책의 시행 후, 외국인에 대해 예전보다 훨씬 개방적인 태도를 보이긴 했으나 여전히 외국인에 대한 모종의 경계 심리를 포기하지 않았다. 21세기 초 중국은 외국인에 대해 '그린카드'의 문을 열어주긴 했으나 '귀화와 국적취득'의 문은 여전히 굳게 닫혀있다. 따라서 세계화의 물결에 조응하지 못한다는 세계 각국의 지적과

---

39) 柯卫, 雷宏, 「改革开放三十年上海外国人证件管理的变化」, 『上海公安高等专科学校学报』, 2009(2), 69쪽.

비난을 피할 수 없는 상황이다.

중국의 정치 경제적 지위의 상승추세와 미국의 상대적인 쇠락으로 중국에서 경제활동, 학업, 여행, 정주하는 외국인이 점차 증가하여 외국인 집거지역을 형성하기까지 했다. 베이징北京의 '코리아타운', 이우義烏의 '중동거리', 광저우廣州의 '초콜릿타운', 꾸이시베이桂西北의 '베트남 신부' 등과 같은 외국인 집거지역의 존재는 세계인의 중국을 향한 발걸음을 충분히 확인해 줄 수 있게 하는 것이다.[40]

『중화인민공화국 외국인 출입국관리법』의 규정에 의하면, 중국거주 외국인은 단기체류短期停留, 장기거류長期居留, 그리고 영구거류永久居留의 세 가지 형태로 구분된다. 단기체류는 주로 중국에서 여행하거나 친인척 방문, 비즈니스 등의 활동을 목적으로 체류하는 경우를 가리킨다. 장기거류는 유학, 취업, 투자의 목적으로 거류하는 인원으로 1~5년의 복수비자와 거류증을 소지한 경우를 말한다.[41]

'정주定居'와 영구거류永久居留는 원래『중화인민공화국 외국인 출입국관리법』의 규정 중에서 동시에 사용되던 두 개의 개념이다. 당시 중국에서의 정주를 허가한 주요 대상은 가족 상봉자였으며, 영구거류 자격의 부여는 고급인재 외국인과 중국에 특수한 공헌을 한 외국인이었다. 그러나 법률적 개념으로써 정주와 영구거류는 뚜렷한 차이가 없다. 특히 정주와 영구거류를 허가받고 나서 그들이 가질 수 있는 권리는 대체로 일치한다. 따라서 새롭게 제정된 허가관리 방법에서는 이 두 가지를 '재중국 영구거류'로 통칭하였고, 발급하는 증서 역시『외국인 영구거류증』으로 통일했다. 따라서 앞으로 더 이상 두 가지 개념을 혼용

40) 李明欢, 『国际移民政策研究』, 厦门, 厦门大学出版社, 2011.

41) 外交部网站, 「外国人在华居留有哪几种类型?」(www.gov.cn 2014-02-12)

하지 않고 영구거류의 개념만을 사용할 것이다.[42]

2. 한국적 함의와 재중 한국인

중국이 향후 이민을 지속해서 확대 허용할 것인가에 대한 논란이 끊이지 않고 있다. 반대 의견을 종합해 보면, 우선 중국의 인구가 지나치게 많아서 과도한 이민을 허용해서는 안 된다는 견해이다. 또한, 일인당 평균 자원도 부족하고 현재의 취업압박 또한 결코 소홀히 할 수 없는 수준이기 때문에 과도한 이민을 수용할 수 없다는 것이다. 그러나 상대적으로 찬성의 견해 또한 충분한 이유가 있다. 즉, 일본과 싱가포르의 인구밀도는 중국보다도 훨씬 높은데도 불구하고 수십만의 외국인이 정주하고 있는 점이 그것이다. 동시에 국민경제와 정치적 환경의 발전에 따라 국경을 넘나드는 유동인구가 법률에 따라 규범화될 필요가 있다는 점을 들고 있다. 다시 말하면 이제는 출입국관리법에서 이민법으로의 변화가 요구되는 추세에 있다는 점을 들고 있다. 국제적으로 그 궤를 같이할 필요가 있다는 점을 강조하면서 이민법의 제정을 요구한다.[43] 국제적 고급인재의 유치, 기술과 자금의 유치, 그리고 중국의 시장 활력과 국제경쟁력의 제고를 위해서는 반드시 '출입국관리법'에서 '이민법'으로 변화할 필요가 있다는 것이다.

외국인 행정관리부서를 독립적으로 구성하는가도 논의의 대상이 될 수 있다. 하지만 중국은 아직 구체적인 논의가 이루어지고 있지는 않다. 중국의 외국인 행정관리는 공안부를 중심으로 하는 관련 부처와 조직 간의 조정과 협의를 특징으로 한다.[44] 특히 공안부를 중심으로 각

---

42) 全国公安机关新闻发布信息网, 「永久居留与定居这两个概念有什么区别」(www.gov.cn 2014-02-12)

43) 严炯, 「为我国经济结构远期调整, 应确立移民法律制度」, 『商业经济』, 2013(18), 128쪽.

외국인 관리체계의 통제 및 규제를 전담하고 있다. 따라서 외국인 행정의 여러 영역을 하나의 조직 안에 통합하는 것이 아니라, 각각의 행정조직 간의 조정과 협의에 기반을 둔 기능 중심으로 운용되고 있다. 이는 통합조직 없이 운용되는 한국의 경우와 유사하다고 할 수 있다. 향후 중국이 이민국이나 이민청과 같은 독립적 행정관리부서를 설치하고 운용할 수 있을지는 아직 구체적인 논의가 이루어지지 않고 있다.

이와 같이 상대적으로 안정된 외국인 정책에 대한 요구의 증가에 대하여 최근 왕징의 현지정부는 중요한 변화를 실험하고 있다.[45] 즉 왕징 발전 초기 외지인구의 왕징 진입을 제한하는 동시에 인정하지 않았던 왕징 가도 판사처가 최근 적극적인 관리 개입으로 정책을 선회하면서 외국인 거주지로서의 왕징지역 발전을 긍정적으로 유도하는 추세를 보이는 것이다. 2010년 7월에 행해진 왕징 가도 판사처辦事處 외국인 담당자와의 인터뷰에 따르면, 왕징 가도 판사처의 이와 같은 정책변화는 국제적인 사구社區로서 주목받고 있는 왕징에 대한 실험을 통하여 중국의 다민족 및 다국적 사구 건설의 일반적인 모델을 창출하려는 움직임을 반영하는 것이다. 동시에 후진타오 체제가 강조하고 있는 조화로운 사회 건설이라는 정치구호와도 일맥상통하고 있다.

이상과 같은 정책변화에 따라 왕징 가도 판사처는 조선족 출신을 왕징지역 정부의 고위관리로 초빙하는 동시에, 2007년부터 체계적이고 심층적인 왕징 연구를 시행하고 있다.[46] 이러한 조사에 기초하여 왕징 거주 외국인에 대한 기존의 통제 및 관리 위주에서 서비스 제공으로

---

44) 부록2 외국인 관리행정체계 참고

45) 백권호·장수현·김윤태·정종호·설동훈,「재중 한인사회연구: 코리아타운을 중심으로」,『대중국 종합연구 협동연구총서』, 경제인문사회연구회, 2010, 27쪽.

46) 이 시기 대표적인 왕징 연구로는 중국사회과학원의 왕징연구(社区建設中國際、民族因素의影響及 對策: 多国籍、多民族의北京市望京社区研究, 2008년)가 있다.

정책변화를 꾀하고 있는데, 최근의 외국인 서비스 센터 설치 등은 그러한 정책 선회를 잘 보여 주고 있다. 더 나아가 왕징 가도 판사처는 성공적인 다민족 및 다국적 사구 건설을 위해서는 현지의 한족 주민들과 한국인들이 상호 교류할 수 있는 기구 및 경로의 구비가 필수적이라는 인식하에, 상호교류를 위한 공식적, 비공식적 기구의 설립을 모색하고 있으며 이를 위해 왕징 거주 한국교민 대표, 왕징 사구 한족 주민 대표, 왕징 가도 판사처 관계자가 참여하는 협의체 구성을 추진 중이다.

중국영주권을 획득하는 문제에 대해서는 대부분의 재중 한국기업인들이 선호하고 희망하고 있으나, 국적의 취득에 대해서는 중국정부가 사실상 유보적인 자세를 취한다. 거의 불가능한 일이기도 하지만 일단 중국 국적을 취득할 수 있다 해도 이 사실을 공개하려 들지 않을 것이다. 이는 중국과 한국 간 특수한 정치적 상황이 원인이기도 하지만, 한편으로는 중국의 신분증이 이들의 현지 생활 및 기타 외국에서의 생활에 큰 도움을 주지 않기 때문이기도 하다. 중국의 신분을 갖게 되면 오히려 중국 현지에서 한국 국민으로서 가졌던 각종 혜택을 잃을 수 있다는 것이다. 따라서 재중 한국기업인들은 대부분 한국의 호적, 한국 국적을 그대로 유지하는 데 크게 주저하지 않고 있으며, 단지 장기 거류를 할 수 있는 영주권의 취득에는 적극적인 태도를 보인다고 판단할 수 있다.

투표행위 역시 호적이나 여권과 같은 신분과 함께 한국인으로서의 신분 정체성을 강화해주는 적극적 행위이다. "한국인의 의무와 권리이다.", "투표는 한국인이 줄곧 자랑스럽게 생각해 온 것이다."라는 등의 적극적인 태도에서부터, "때가 되면 투표하러 간다.", "어떤 선거인가에 따라, 갈지 안 갈지를 결정한다." 등의 소극적 태도까지, 비록 다양한 태도를 보이긴 하나, 대부분의 재중 한국인들은 한국인으로서의 투표 권리를 포기하지 않고 행사하고자 한다.

이상과 같이 재중 한국인들은 호적이나 국민 신분의 유지 및 투표행위를 통해 한국 본국과의 연계를 강화하면서 정치적 권리를 유지하고 있다. 때로는 중국에서의 정치적 역량 강화를 통해 그들만의 정치적 공간을 위해 노력하고 있으며, 때로는 한국과 지속적인 연계를 통해 자신들의 초국가주의적 정치영역을 구축하고 있다.

초국가주의는 전 세계 질서변화의 새로운 산물이다. 초창기 초국가적 정치 행동은 대부분 경제적 영역에 국한되었으며, 정치적 참여라 하더라도 주로 엘리트의 활동에 그쳤다. 하지만 이민 사회가 성숙하면서 엘리트뿐만 아니라 일반 이민자들의 정치적 행동의 폭과 영향력 역시 강화되기 시작했다.

제4절 한국과의 정치적 연계

재중 한국기업인들은 중국 현지에서의 정치적 역량 강화 노력 외에도, 한국 모국과의 정치적 연계를 통해, 한국인의 권리를 유지하려는 태도도 명확히 드러난다. 이들의 호적과 여권에 대한 태도, 투표 권리에 대한 태도 등에서 이들의 한국 정체성 유지 노력을 확인할 수 있다.

1. 재외선거와 재중 한국인의 모국정치 참여

재외동포의 초국적 가치와 영향력의 중요성이 부각됨에 따라 한국정부는 그들의 역할에 주목하여, 1990년대부터 본격적으로 재외동포 정책을 시행하기 시작하였다. 1999년에는 재외동포의 출입국과 법적 지위에 관한 법률(이하 재외동포법)을 제정하여 재외동포와 모국의 유대 증진을 위한 법·제도적 기반을 마련하였고, 2009년 2월에는 공직선거법을 개정하여 재외선거제도를 도입함으로써 재외국민 참정권시대가 도래되었다.[47] 이에 따라 시행된 2012년과 2017년의 재외국민선거는 한국 정치사의 새로운 전환점으로 기록되었다. 재외동포의 국내정치 참여의 중요한 기반을 만든 것이다.

이렇듯 재외선거는 재외국민 참정권 행사와 재외국민의 권익 신장 및 모국과의 네트워크 강화에 이바지할 수 있다. 이러한 점에서 높은 국민적 관심을 보였지만 실제 투표율은 대단히 저조했다. 제19대 국회의원 재외선거에서, 국외 부재자와 재외선거인의 등록신청절차가 2011년 11월 13일부터 2012년 2월 11일까지 약 4개월간 진행되었음에도, 예상 재외선거권자 2,233,193명 가운데 5.57%에 해당하는 12만 4,350명만이 등록신청을 하였고,[48] 이들 재외선거권자 가운데 45.7%인 56,456명만이 실제로 투표에 참여하였다. 그나마 2017년 5월 9일에 시행된 제19대 대통령선거에서는 등록한 재외선거권자 294,633명 중 역대 최다인 221,981명이 참여하여 75.3%의 투표율을 기록하였다. 이는 전체 추정 재외선거권자 197만여 명의 11.2%에 해당하는 것으로 지난 제18대 대통령선거의 투표자 수 158,225명보다 63,756명(40.3%)이 늘어난 것이다. 투표자 수가 증가한 것은 선거에 대한 재외국민들의 높은

---

47) 임채완·김혜련, 「한국 재외동포의 국내 정치참여와 현지 정치력 신장」, 『대한정치학회보』, 제23집 제1호, 2015, 118쪽.

48) 중앙선거관리위원회, 제19대 국회의원 선거 총람(2012), 297쪽. 이들 가운데 부적격자를 제외하면 제19대 총선에 참여할 수 있는 재외선거인은 총 123,571명이었다.

관심과 인터넷을 통한 신고·신청, 영구명부제, 추가투표소 도입 등 투표 편의 확대를 위한 지속적인 노력의 결과에 따른 것으로 보인다. 그러나 전체 추정 재외선거권자에서 차지하는 비중은 여전히 10%대를 훨씬 초과하지 못하고 있어서 더욱 많은 참여를 유도하기 위한 제도적 개선이 요구된다.[49]

<표 2-2> 역대 재외선거 투표 현황

구 분	제19대선 (2017.5.9.)	제20대 총선 (2016.4.13.)	제18대 대선 (2012.12.19.)	제19대 총선 (2012.4.11.)
투 표 자 수	221,981명	63,797명	158,225명	56,456명
투 표 율	75.3%	41.4%	71.1%	45.7%

자료 출처: 중앙선거관리위원회 보도자료, 2017.05.01.

한편, 2017년 대선에서의 주요 국가별 투표자 수는 미국 48,487명 (71.1%), 중국 35,352명(80.5%), 일본 21,384명(56.3%)의 순으로 나타났다. 재외국민 진출 역사가 미국과 일본보다 훨씬 짧은 사실을 고려한다면 중국의 약진은 주목할 만하다. 특히 공관별 투표자 수에서는 상하이 총영사관이 10,936명으로 뉴욕총영사관과 LA 총영사관을 제치고 1위를 차지했다.[50] 재중 한국인 사회의 외형 규모의 성장과 더불어 적극적인 국내 정치참여 태도를 확인할 수 있다.

---

49) 재외국민의 투표율이 저조한 것은 여러 가지 제도적 미비가 그 원인이었다. 재외선거인 신고와 신청방법, 투표방법이 불편하고 번거로워 실제 참여 의지를 가진 재외국민의 요구를 제대로 반영할 수 없었기 때문이었다. 김병록,「재외국민 선거의 편의성과 공정성 확보방안에 관한 연구」,『법학연구』, 제18권 제2호, 조선대학교 법학연구원, 2011, 191-217쪽; 주승희,「현행 공직선거법상 재외선거제도의 문제점 및 개선방안」,『안암법학』, 제41호, 2013, 1-42쪽.

50) 중앙선거관리위원회 보도자료, 2017.05.01.

2. 세계한상대회

재중 한국인 사회가 구축하고 있는 네트워크는 정보화시대에 들어서면서 온라인, 오프라인상에서 시공간적 범위를 초월하여 모국과의 긴밀한 연계뿐만 아니라 세계의 한상韓商들과 연계됨으로써 상호작용의 효율성을 증대시키고 있다. 세계한상대회가 대표적인데, 이 세계한상대회(World Hansang Convention)는 세계 각국에서 활동하고 있는 해외 한인 경제인들과 국내 기업인들 간 네트워크를 구축하고, 한민족 경제역량을 강화하기 위해 지난 2002년부터 매년 가을 국내에서 개최되고 있는 대표적인 모국 연계 경제활동이다. 세계한상대회를 통하여 한상 상호 간의 교류와 함께 모국 투자와 수출에도 적극적으로 기여하고 있으며, 특히 모국인 한국의 지역을 순회하며 이 대회를 진행하고 하고 있어 실질적인 지역 경제발전에도 기여하고 있다는 평가도 받고 있다.

세계한상대회를 주관하는 매일경제의 분석 자료에 의하면, 세계한상대회 10년 동안 한상은 1만 290명, 국내 기업인은 1만 4407명으로 모두 2만 4697명의 국내외 기업인이 한상대회를 찾았다. 2002년 처음으로 열린 제1차 한상대회에는 28개국, 968명이 참가했지만, 지금은 매년 40여 개국에서 1,000명 이상의 한상과 2,000명 이상의 국내 기업인이 참가할 정도로 성장했다. 한상대회가 커지면서 한상 규모도 커졌다. 2006년에 집계된 한상들의 매출은 모두 32조 원이었으나 2011년 참가한 한상들의 지난해 매출액 합계는 약 59조 7000억 원으로 4년 사이에 2배 가까이 증가했다.[51]

또한, 매년 진행되는 세계한상대회에 중국거주 한상의 참가 비중은

---

51) 김재기, 「세계한상대회 10년: 성과와 발전방안」, 『재외한인연구』, 제29호, 재외한인학회, 2013, 153-186쪽.

늘 미국과 더불어 수위를 차지했다. 이는 미국과 더불어 중국에 거주하고 있는 한인의 규모가 비교적 크기 때문이며, 이들의 모국 참여 의지 또한 타 지역보다 절대 떨어지지 않는다는 점을 의미한다.

이와 같이 재중 한국인들은 경제적 동기에서 출발한 초국가주의적 정체성을 바탕으로 더욱 적극적으로 중국 현지에서의 정치적 역량을 강화하는 한편, 한국정부와의 긴밀한 연계를 통한 한국 정치적 영역에서의 입지를 강화하는 데 적극적으로 나서고 있다. 한국인으로서만이 아니라, 이들만의 초국가주의적 정치 공간인 '재중 한국인'으로서의 정치적 공간을 확보하는 셈이다.

제3장

경제적 환경변화와
재중 한국인의 초국가주의 실천

국가경계를 초월하는 이주자의 경제적 영역은 그들의 글로벌 경제와 한중 경제변화에 대한 발 빠른 적응을 통해 구축되었다. 따라서 경제적 적응이기 때문에 당연히 경제적 측면의 초국가적 연결이 우선시될 수밖에 없다. 이번 장에서는 양국의 경제적 변화를 거시적으로 살펴보고, 이러한 환경 속에서 이주자들의 초국가주의 실천이 어떻게 나타나고 있는지를 살펴보고자 한다.

제1절 경제적 측면에서 살펴본 한중관계의 변화

1. 한중 양국 교역 추이

주중국 대한민국대사관 한중관계 발전 지표에 따르면, 한국과 중국의 경제교류는 1992년 수교 이래 비약적인 발전을 해왔다. 한중 양국은 1992년 수교 당시 63.7억 불에서 2017년 2,399억 불로 교역액이 약 38배 증가했다.

한·중 간 교역액이 전체 대외교역액의 약 21%를 점하고 있는데 이는 한·미, 한·일 간 교역액을 합한 2,015억 불 수치보다 큰 수치임을 의미한다. 이는 양국 경제의 역동적인 발전, 상호 보완적인 경제구조 등을 바탕으로 산업 전 분야에 걸쳐 협력을 확대 발전시켜 온 것으로 평가받고 있다.

우리나라 최대 수출대상국은 2003년 이후 미국을 제치고 중국이 됐으며, 2004년 이후부터 한국의 최대 교역대상국으로 부상했다. 2007년부터 중국은 수입에서도 일본을 제치고 최대 수입대상국으로 자리 잡

앉으며, 한국은 2013년부터 중국의 최대 수입대상국이 됐다. 양국 간 교역 규모는 수교 당시 64억 달러에 불과했으나 2005년에는 1,000억 달러를 넘어섰고, 2015년에는 2,273억 달러 규모에 도달했다.

그러나 견고한 성장세를 보여 오던 양국 간 교역액은 2012년에 이어 또 한 번 마이너스 증가를 기록하며 부진한 양상을 이어가고 있다. 특히 대중 수출은 2014년 글로벌 금융위기가 있었던 2008년 이후 -0.4%로 첫 감소세를 기록했는데 2015년에는 그 하락 폭이 5.6%로 2년 연속 감소세를 보이고 있다. 최근 대중 수출 부진은 1) 중국기업의 경쟁력 강화에 따른 한국 주력제품 수요 감소, 2) 중국의 가공무역 구조 탈피 추세, 3) 중국 경기 둔화세에 따른 대외 수입수요 감소 등으로 해석된다.[52]

<표 3-1> 대중국 교역 추이 (단위: 억 달러, %)

구분	2013년	2014년	2015년	2016년	2017년
총액	2,289.2	2,353.7	2,273.7	2,488.6	2,842.4
대중 수출	1,458.7	1,452.9	1,371.2	1,244.3	1,421.2
대중 수입	830.5	900.8	902.5	869.8	978.6
무역수지	628.2	552.1	468.7	374.5	442.5

자료 출처: 관세청 통계 자료 필자 정리

물론 한국은 2007년에 일본을 제치고 실질적으로 중국의 최대 투자 유입국[홍콩香港, 버진아일랜드(Virgin Island) 제외 시]이었지만, 2010년에 5위로 하락(1위 홍콩, 2위 싱가포르, 3위 일본, 4위 미국)하기도 했다.

한국과 중국의 경제협력은 서로 충돌적이 아니라 보완적이기 때문에 향후에도 일정 기간 지속할 가능성이 충분하다는 분석이 있다. 양국 간

---

52) 코트라 해외시장정보, 국가정보, http://news.kotra.or.kr/ (검색일:2017.04.30.)

수출입 제품은 주로 중간재와 원자재로서 상당한 정도의 국제분업이 이루어지고 있다는 것이다. 한국의 대對중국 수출품은 중국 내 생산에 필요한 중간재 부품이 다수를 차지하고 있다. 따라서 대對중국 무역흑자는 반드시 한국에만 유리한 것이 아니라는 분석이다.

그러나 최근의 변화는 이러한 상호 보완적 관계의 지속에 위협이 되고 있기도 하다. 다시 말하면, 중국의 무역구조가 중간재를 수입하여, 가공·조립 후 수출하는 가공무역에서 탈피하고 있으며, 중국 수출구조 또한 상대적으로 고도화되고 있어 한국과 중국 양국 간 경쟁이 날로 격화되어 가는 추세이다. 따라서 한중 간의 교역구조는 상호 보완적 관계와 경쟁적 관계가 공존하고 있다고 볼 수 있다.

또한, 대중국 투자 역시 투자의 형태와 성격이 고도화되면서 안정을 찾아가고 있는 추세이다. 주중국 대한민국대사관 통계에 따르면, 2017년 말 누계 기준 중국진출 한국기업은 26,846개(출처: 한국수출입은행)로 중국의 환경규제 강화, 임금상승의 영향으로 중소기업 위주의 투자는 상대적으로 축소되고, 대규모, 고부가가치 투자가 증가한 것으로 분석했다. 규모별, 업종별 투자 비중 추세(금액 기준)를 살펴보면, 규모별로 2007년 대기업 57%, 중소기업 43%에서 2013년 대기업 82%, 중소기업 18%로 그 비중에 변화가 나타났다. 업종별 고부가가치 투자 내용을 살펴보면, 삼성 디스플레이(쑤저우), LG 디스플레이 8세대 LCD 투자(광저우), 삼성 SDI 전기차 배터리 공장(시안), SK 화학 나프타 분해 시설(우한) 등이다.

그 외 KOTRA, 대한상공회의소, 무역협회 등이 사무소를 설치하여 기업 활동을 지원 중이며, 특히 KOTRA는 베이징, 상하이, 칭다오, 선양 등 지역에 16개의 무역관을 설치하고 있다.

2. 한국기업의 대중국 투자 진출

중국은 이미 한국기업의 전체 해외투자에서 가장 많은 비중을 차지하는 투자대상국이 되었다. 2017년 최근 한국수출입은행 통계에 따르면, 1992년에서 2016년까지 집계된 중국진출 법인 수가 총 26,198개로 집계되었다.

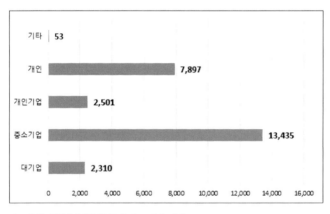

자료 출처: 한국수출입은행 통계 자료 필자 정리.

<그림 3-1> 투자자 규모별 재중국 법인 분포도 (단위: 개)

투자자 규모별로 살펴보면, 대기업 2,310개, 중소기업 13,435개, 개인기업 2,501개, 개인 7,897개, 비영리단체 등의 기타 53개이다. 중소기업이 가장 많은 비중을 차지하고 있음을 알 수 있다.

한국수출입은행 통계에 따르면, 대중국 신규법인 수가 1992년 174개에서 2016년 695개로 집계되었다. 시기별 상황에 따라 그 변화폭이 매우 크다는 것을 파악할 수 있다. 특히 1997년 IMF 위기와 2008년 세계금융위기 여파라는 두 번의 환경변화 전후로 그 변동 폭이 매우 크다는 것을 확인할 수 있다.

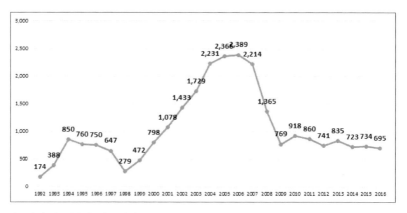

자료 출처: 한국수출입은행 통계 자료 필자 정리.

<그림 3-2> 대중국 신규법인 연도별 추이도 (단위: 개)

아래 <그림 3-3>을 살펴보면, 2016년 말 기준으로 한국의 대중국 투자 건수는 2만 2,373건, 총 누적투자액은 382.8억 달러로 한국의 전체 해외투자에서 각각 41.9%, 18.4%의 비중을 차지했다. 1992년 한중 수교를 전후하여 시작된 한국기업의 대중국투자는 두 번의 침체를 경험했다. 첫 번째 침체는 제1차 금융위기의 여파로서 1998년에 급격한 감소추세를 보인 것이다. 그러나, 곧 회복하여 2007년까지는 줄곧 연간 50억 불이 넘는 증가세를 보였다. 두 번째 침체는 제2차 금융위기에 의해서 다시 시작되었다. 2007년을 정점으로 대중국 투자가 감소추세로 돌아섰다. 이러한 감소추세는 2009년을 시작으로 다시 회복되어 2013년까지 지속하다가 다시 하락하게 된다. 급격한 감소세는 진정되었으나 예전의 증가세로 완전히 회복될 가능성은 현재로선 그렇게 커 보이지 않는다.

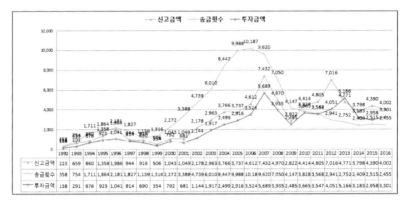

주: 수출입은행 통계 자료를 근거로 산출한 수치임. 현지법인+지점+지사 형태를 모두 포함한 수치임.

<그림 3-3> 연도별 대중 신고금액, 송금횟수 및 투자금액 (단위: 개, 건, 백만 불)

아래 <그림 3-4>의 대기업, 중소기업, 개인기업, 개인, 기타 등의 연도별 신규법인 수의 추이도를 살펴보면, 중소기업과 개인이 연도별 변동 폭이 매우 크게 나타나고 있음을 알 수 있다. 개인기업과 대기업은 상대적으로 변동 폭이 그리 크지 않다.

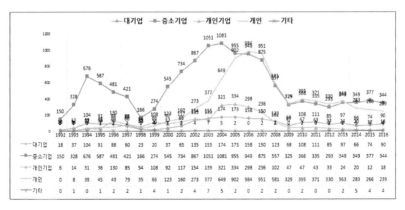

자료 출처: 한국수출입은행 통계 자료 필자 정리.

<그림 3-4> 투자자 규모별 연도별 추이도 (단위: 개, 건, 백만 불)

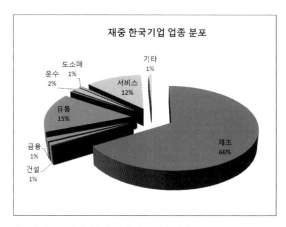

자료 출처: 한국수출입은행 통계 자료 필자 정리.

<그림 3-5> 재중 한국기업의 업종 분포도

한국수출입은행 통계의 대중국 진출 한국기업의 업종별 분포도를 살펴보면 제조업 66%, 유통 15%, 서비스 12% 순으로 나타났다. 그 외 운수업, 도·소매업, 금융업, 건설업으로 분포되었다.

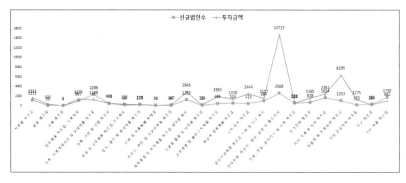

자료 출처: 한국수출입은행 통계 자료 필자 정리.

<그림 3-6> 제조업 세부 업종 분포도 (단위: 개, 백만 불)

제조업 세부 업종을 법인 수로 살펴보면, 전자부품, 컴퓨터, 영상, 음향 및 통신장비 제조업이 2,568개로 가장 많았고 의복, 의복 액세서리 및 모피제품 제조업이 2,286개, 기타 제품 제조업 1,730개, 기타 기계와 장비 제조업이 1,654개, 화학물질 및 화학제품 제조업 1,223개, 식료품 제조업 1,112개, 자동차와 트레일러 제조업 1,053개 순으로 나타났다. 투자금액 순으로 살펴보면, 전자부품, 컴퓨터, 영상, 음향 및 통신장비 제조업이 14,713백만 불, 자동차와 트레일러 제조업 6,295백만 불, 화학물질 및 화학제품 제조업 2,845백만 불순으로 나타났다.

중간재 성격의 전자, 화학제품과 최종재 성격의 의류, 피혁, 식료품 제조업이 큰 비중을 차지하고 있음을 알 수 있다. 투자금액은 전자부품, 자동차, 화학제품과 같은 고부가가치 업종이 상대적으로 큰 비중을 차지하고 있음을 알 수 있다.

연도별 추이를 통해 한국기업의 대對중국 투자에는 다음과 같은 특징이 있다. 과거 중소기업, 제조업 위주에서 최근에는 대기업, 서비스업의 투자 비중이 증가하고 있다는 점이다. 중소기업이 건수 기준으로는 전체 대중국 투자의 91%, 금액 기준으로는 40%를 차지하며, 실제 투자 기준으로 대기업의 투자가 증가하는 추세이다. 또한, 업종별로는 제조업이 대다수를 차지하고 있으나, 도소매 등 서비스업의 비중이 최근 증가하는 추세에 있다.

진출지역을 살펴보면, 한국의 대중국 투자는 전통적으로 동북지역, 동부 연안, 남부에 집중되어왔다. 1992년 한중 수교 이래로 산둥山東, 랴오닝遼寧, 장쑤江蘇, 톈진天津, 광둥廣東은 한국 제조업계의 5대 투자 진출지역이었다. 산둥성의 한국 제조기업의 투자는 2006년부터 2010년 사이에 급격히 감소하였으나, 다른 4개 지역에서는 큰 변화를 보이

지 않았다. 이러한 투자패턴으로 인해 중·서부지역은 오랫동안 한국
투자자들의 관심을 받지 못했으나, 최근 대기업의 투자를 시작으로 투
자 규모가 증가하고 있는 추세이다.[53]

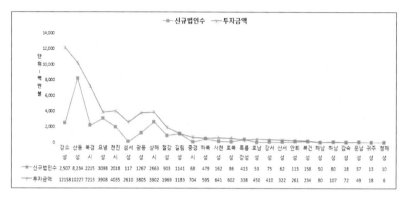

자료 출처: 한국수출입은행 통계 자료 필자 정리.

<그림 3-7> 한국기업의 지역별 진출 분포도 (단위: 개, 백만 불)

위의 <그림 3-7>을 살펴보면, 2016년 말까지의 재중 한국인 기업이 가
장 많이 분포된 곳은 산둥성 8,234개, 랴오닝성 3,098개, 상하이시 2,663
개, 장쑤성 2,507개, 베이징시 2,215개, 톈진시 2,018개, 광둥성 1,267개,
지린성 1,141개 순으로 나타났다. 투자금액별로 살펴보면, 장쑤성, 산둥
성, 베이징시, 톈진시, 상하이시, 랴오닝성, 산시성陝西省, 저장성, 지린성
순으로 나타났다. 산둥성과 동북3성에 기업 수가 많지만, 투자금액은 상
대적으로 장쑤성과 베이징, 상하이, 톈진, 광둥 등의 대도시에 비해 규모
가 작다는 것을 알 수 있다. 특히 산시성陝西省의 경우 법인 수에 비해 투
자금액이 매우 높게 나타났는데 삼성을 포함한 대기업의 진출, 특히 고부

---

53) 한국수출입은행 해외투자통계 홈페이지(http://www.koreaexim.go.kr/kr/work/check/oversea/use.jsp).

가가치의 전자부품 업종에 기인하는 것으로 파악할 수 있다.

종합하면 한국의 대중국 투자는 다음과 같은 특징을 갖는다. 우선, 세계경기의 부침에 매우 민감한 반응을 보였다. 둘째, 중소기업형 투자 진출이 여전히 많은 비중을 차지하고 있지만, 경영환경의 변화로 2000년대에 진입하면서 중소기업의 진출은 다소 감소추세를 보인다. 셋째, 내수시장 진입을 목표로 하는 대기업의 진출이 증가하고 있다. 넷째, 제조업이 높은 비중을 차지하고 있으며, 서비스업종에서는 도·소매업이 가장 많은 비중을 차지하고 있다. 마지막으로 중국의 동북지역, 동부 연안, 남부에 집중 투자하고 있다. 특기할 만한 사항은 한국의 대중국 투자가 중소기업 위주의 투자형태를 갖고 있어서 투자환경의 변화에 더욱 민감하게 반응한다는 점이다. 대기업은 경제 환경의 변화에 대응할 수 있는 자체 시스템을 갖추고 있지만, 중소기업은 준비 없이 즉각적으로 변화에 대응하는 편이기 때문이다.

제2절 중국정부의 정책 기조 변화와 초국가주의 심화[54)

1. 정책 기조의 변화와 경영환경 변화

일반적인 상황에서 해외 이민의 초국가주의 실천은 경제이익을 가장 큰 목표로 삼는다. 재중 한국기업인은 중국진출 투자기업의 생존을 위해 일반적으로 글로벌 상업네트워크를 형성하며 유지하고 있다. 중국

54) 金潤泰・李承恩, 「韓國中小企業の 中國適應戰略」, 園田茂人・蕭新煌編, 『チャイナ・リスクといかに向きあうか』, 東京: 東京大学出版会. 2016. 제4장을 수정 보완한 것임. 이승은 교수의 집필 도움과 옥고의 수정 보완에 대한 흔쾌한 허락에 감사한다.

투자 초창기는 물론 분업형태가 달라진 최근까지도 일반적으로 한국 본국의 회사에서는 오더를 받고, 일본의 원료를 중국으로 수입하여 중국에서 가공생산하고, 시장은 유럽과 미주에 의존하는 형태의 초국가적 경영모델을 유지해 왔다. 물론 현지구매와 현지판매 비중이 늘어나고 있는 것도 사실이다. 하지만 재중 한국기업들은 여전히 재중 한국기업 간의 연계, 혹은 한국 본국과의 연계를 중시하고 있다.

재중 한국인 기업가는 양국에 모두 사업체를 가진 경우가 많다. 중국진출 초창기 중국의 리스크를 확인할 수 없는 상태에서, 더욱더 한국의 사무실과 생산라인을 완전히 중국으로 이전할 수 없었기 때문이다. 중국에서의 생산이 안정을 찾아감에 따라 점차 한국의 생산라인은 줄여나갈 수 있었으나, 해외 수출시장과의 연계와 원료구매를 위해 여전히 한국의 사무실은 유지해야만 했다. 특히 중국에서의 경쟁력 확보를 위해서는 수시로 한국에 들어와 한국시장의 변화정보를 확보해야 했다. 한국의 최신 경영기법과 서비스 이념 등을 중국으로 도입해야 소위 '중국기업이 따라갈 수 없는 사업'을 해낼 수 있기 때문이다.

주재원의 경우도 이보다 덜할 수 없다. 공식적인 휴가 기간 중 개인사를 보기 위해 한국에 돌아오기도 하지만, 대부분의 일시 귀국은 한국의 본사에 중국 현지법인의 경영관리 상황을 보고하기 위해서이다. 한국 본사에서 주최하는 글로벌 법인장들의 정기적 모임 역시 이러한 필요에 따라서 진행되는 프로그램이다.

"나는 한중 수교 이듬해에 이곳으로 왔다. 그때부터 10여 년간은 중국과 한국 두 곳을 매번 들락날락해야만 했다. 한국에도 회사가 있었기 때문에 중국에서 15일, 한국에서 15일을 보내야만 했다. 지금은 대부분 시간을 중국에서 보낸다. 한국의 생산라인을 점차 축소해서 이제는 사무실만 남겨 놓았다(인터뷰노트 QD10-20130709)."

(1) 수출주도형 성장모델에서 내수주도형 성장모델로 전환

글로벌 금융위기 이후 국제사회는 큰 변화를 겪게 되었다. 전 세계 경제는 2008년 4/4분기 -5%의 대폭적인 경기침체를 경험하였고, 2009년에도 미국(-2.4%), EU(-4%), 일본(-5%), 영국(-5%), 캐나다(-2.6%) 등 주요 선진국의 경제성장률은 마이너스를 지속했다. 중국 역시 전 세계 경기침체의 영향에서 벗어날 수는 없었다. 중국(33.0%)은 비슷한 대국 경제 규모인 미국(9.1%)이나 일본(16.0%)보다 수출의존도가 상당히 높은 경제구조이기 때문이다. 특히 중국 수출의 절반 이상이 미국, EU 등 선진국에 수출되는 상황에서 글로벌 금융위기로 인한 선진국의 경기침체는 중국의 수출 하락으로 이어졌다. 중국의 수출은 2007년 26%에서 2008년 17%로 둔화하였고, 2009년에는 -16%로 급감했다.

이러한 전 세계적인 경기침체와 수출 급감에 직면하여 중국정부는 지난 십여 년간 추진해 왔던 기본적인 경제발전 모델인 수출주도형 성장모델을 내수주도형 성장모델로 전환해야만 했다. 중국정부는 2008년 말부터 내수소비 확대정책을 통한 대규모 경기부양 정책을 추진하고, 내수산업 진흥정책을 대규모로 진행함으로써 내수주도형 성장모델로의 전환을 추진했다.

(2) 노동집약적 산업에서 첨단 산업으로의 전환

기존 중국 고도성장의 주요 원동력은 FDI의 적극적인 유치였다. 당시의 해외투자 유치는 업종과 규모를 가리지 않는 적극적인 성격의 유치였다. 그러나 21세기에 들어서면서 중국은 지속적인 관련법 개정을 통해 첨단 산업에의 외국인 투자를 선별적으로 유치하고자 노력하고 있다. 중국정부는 WTO 가입과 더불어 2002년 4월부터 외국인 투자정책의 지침이 되고 외국인 투자에 대한 각종 우대조치 부여 및 품목별 외국인 투자 허가 기준이 되는 '외국인 투자지도 방향 규정'과 '외국인 투자산업 지도목록'을 개정했다. 이를 통해 이제는 첨단 산업을 위주로 선별적으로 유치하는 투자유치 정책을 추진하기 시작했다. 특히 IT, 항공, 기계, 신소재, 에너지 등 총 11개 분야 917개로 구성된 첨단기술 제품에 대한 외국인 투자 장려 산업목록(2003년 6월)을 제정하여 인센티브를 부여하는 등 적극적으로 첨단 산업 분야에 대한 외국인 투자를 유치하고 있다. 그러나 이에 반해, 첨단 산업이나 기술개발 의지가 없는 기업의 경우는 상대적으로 불이익을 받게 되었다.

선별적으로 유치하는 투자유치 정책은 한국 투자기업이 밀집하여 있는 산둥성에도 예외 없이 적용되고 있다. 산둥성은 2010년부터 외자기업이 R&D센터를 설립하는 경우 설비 구매에 발생하는 세금 면제 및 환급 정책을 시행한다고 공표했다. 또한, 외국인 투자기업이 이익금으로 증자하거나 별도 법인에 5년 이상 재투자 시 이익금 재투자 분에 대해 기 납부 소득세의 40%가 환급되며 이익금을 첨단기술기업이나 수출기업의 설립, 증자를 위해 재투자를 시행할 경우 재투자분의 기 납부 소득세의 100%가 환급된다. 이러한 예는 중국정부의 투자유치 방향이 첨단기술 산업, 친환경 산업 등 중국 산업발전에 도움이 될 수 있는 기업을 '선택적으로 유치하는' 방향으로 전환되고 있음을 잘 보여주는 것이다. 한편, 이와는 반대로 기존 가공수출형 산업에 대해서는 상대적으로 불이익을 주는 정책을 시행하고 있다.

경기중소기업종합지원센터(2013)가 발간한 리포트에서 중국 J성에 위치한 피혁 가공업 회사에 따르면, "2007년 피혁, 철강, 제지 등의 산업에 대해 고오염, 고에너지 산업으로 지정한 이후, 각종 정책이 바뀌면서 세금 부담이 커졌습니다. 그중 원자재를 수입해 단순 가공한 후 수출하는 제품에 대해 17%의 부가가치세를 부과하는 것인데요. 이러한 과도한 세금을 기업이 떠안기에는 부담이 너무 커 이를 회피하고자 신발, 핸드백 등 로컬기업에 판매하는 형태로 전환하는 중입니다." 이상의 인터뷰에서도 확인되듯이, 중국정부는 중국의 산업발전에 도움이 될 수 있는 기업을 선별적으로 유치하고, 이러한 변화에 재빠르게 적응하거나 산업을 확장·변경하지 못하는 기업 등은 상대적으로 불이익을 받는 정책으로 점차 변화하고 있다.

2. 각종 제도 개혁과 경영환경의 변화

중국은 1990년대 중반부터 기업 환경개선을 위한 세금 혜택, 노무 정책 등에 대한 개혁을 단행해 왔다. 그러나 이러한 조치들은 기업의 성격에 따라 서로 다른 영향을 미쳤다. 특히 노동집약적인 중소형 기업에 대해서는 긍정적 효과보다는 부정적 영향이 더욱 크게 작용했다. 투자기업에 대한 조세감면 혜택은 수익성을 제고시키는 긍정적 효과가 있었던 반면, 각종 사회보장제도의 개혁은 인건비 상승과 함께 관리비용의 급속한 상승을 가져와 수익성 유지에 차질을 가져오게 되었다. 한국수출입은행의 자료에 따르면 2005년도 대기업과는 달리 중소기업의 경우 제조업 투자 비중이 많이 감소하고 도·소매업이나 부동산업 등으로 투자가 이전되는 양상을 보인다. 이러한 중소기업의 대중국 투자 비중 감소 외에도, 중국에서 활동하는 한국 중소기업은 조세 문제와 노무 문제

등 제도환경의 변화를 포함한 각종 리스크의 증가를 경험하였으며, 이는 재중 한국 중소기업에 심각한 경영상의 애로를 가져다주었다.

(1) 세제 변화에 따른 경영환경의 변화

WTO 가입 이후 외국기업에 대한 내국민 대우 적용에 따라 일반적으로 외국인 투자기업에 대한 세제상의 혜택은 더 이상 찾아보기 어렵게 되었다. 2004년 중국기업과 외국인 투자기업에 대한 법인세율 동일 적용을 위하여 '기업소득세잠정규정企業所得稅暫行條例'과 '외국인투자기업과 외국기업 소득세법外商投資企業和外國企業所得稅法'을 통합했다. 이로써 2012년부터 외국인 기업과 중국기업의 법인세율은 25%로 동일하게 적용되고 있다. 이는 실질적으로 외국인 투자기업에 대한 혜택이 축소되었음을 의미한다.

외국기업에 대한 조세감면 혜택 또한 대폭 축소 내지는 거의 폐지될 추세에 있다. 첨단기술, 오염방지기술, 에너지 혹은 생명공학 기술을 제외하고는 감면 혜택을 받기 어렵게 되었다. 외자기업에 적용되던 2년 면세(100%), 3년 감세(50%) 기준이 폐지되는 경우, 조세 부담이 큰 경영상의 장애로 작용할 것이 분명하다.

중국은 세수관리정보시스템(CTAIS: China Taxation Administration Information System)을 구축하고 2004년에는 중국 전체 성省급 국세청의 2/3에 해당하는 국세청에 시스템을 공급했다. 이는 중국정부가 조세징수 효율 제고에 대한 확고한 의지를 보여주는 조치이다. 그뿐만 아니라 부동산, 금융보험, 통신업 등과 더불어 외자기업도 중점관리 대상에 포함하였다. 이에 따라 절세방식을 중국경영의 해법으로 삼아온 재중 한국 중소기업에도 커다란 부담으로 작용하게 되었다.

그뿐만 아니라 중국 국무원과 재정부는 '외자기업 도시 보호 건설세와 교육 부가세 징수에 대한 통지關於對外資企業徵收城市維護建設稅和教育費附加有關問題的通知'를 발표하여 외국인 투자기업에도 도시 보호 건설세와 교육부가세를 징수하기로 결정함으로써 기존 세금납부액의 10%에 해당하는 추가 세 부담이 발생할 예정이다.

양로, 실업, 의료, 공상(산새), 생육 등의 5대 보험이 적용되는 사회보험체계에 대한 정비도 외자기업에게는 부담으로 작용했다. 2011년 7월부터 보험가입을 의무화하였고, 같은 해 10월에는 중국 내 외국인 주재원과 근로자도 보험가입 대상에 포함함으로써 복지비용이 증대했다. 그리고 현재 18~25세의 신세대 농민공은 교육수준이 높아 생산직보다는 서비스직에 대한 선호도가 높음으로써 인력확보가 어려운 실정이다. 인력을 확보할지라도 중국정부가 최저임금을 2015년까지 연평균 13%까지 상승시키겠다고 발표함으로써 외국인 투자기업 경영환경이 더욱 악화되고 있다.

관련 조사연구가 확보한 재중 한국기업 인터뷰 자료에 의하면, 진출 당시에는 중국정부의 지원이 매우 많아 소방, 환경, 노동 등 규제가 적고 중국정부로부터 면세 및 수출입 혜택을 받았으며, 몇 차례 증설로 지원을 많이 받았었다. 이렇게 중국정부는 외자기업에 대해 매우 긍정적이었으나, 현재는 일부 품목을 제외하고는 면세 혜택을 받을 수 없다. 또한, 신노동법 발효에 따른 규제, 수출입규제 등 모든 항목에 있어서 규제가 강화되고 있어 많은 기업이 어려움을 겪고 있다.

조명기기 제조업의 한 기업은 "최근 중국정부에서 지난해 재산세를 내라고 통보하였습니다. 작년분을 왜 올해 내라고 하는지 세금부과에 대한 명확한 기준도 없는 것 같아요. 그뿐만 아니라 도시건설세도 60

만 위안이나 부과하였고 최근에는 총 인건비의 2% 수준에 해당하는 노동조합비도 지급하고 있어 과거 외자기업으로서 받았던 혜택이 점차 세금 부담으로 돌아오고 있는 실정입니다."라고 답했다. 이 기업은 세금부과기준이 간헐적으로 비공식적으로 변화하기에 이러한 상황에 즉각적으로 대응하기가 어렵다는 처지이다. 또한, 중국에서도 노동조합 설립 등 노동자의 권익 보호를 위한 활동이 증가하는 추세에 재중 한국 중소기업들은 각종 혜택이 줄어들고 있다는 것을 체감하고 있다.

이와 같이, 투자유치를 위해 외국기업에 대해 주어졌던 각종 세제상 혜택이 축소 또는 폐지되고, 각종 규제가 강화됨에 따라 재중 한국 중소기업들의 경영환경은 날로 악화되는 상황이다.

(2) 노무 정책에 따른 경영환경 변화

2008년 중국에서는 '노동계약법', '취업촉진법'과 '노동쟁의조정 중재법' 등을 포함하는 소위 '신노동법제'가 시행되었다. '노동계약법'과 '취업촉진법'은 2008년 1월 1일부터, '노동쟁의조정 중재법'은 그해 5월 1일부터 시행되었다. 전체적으로 볼 때, '노동계약법'은 장기고용계약을 유도하고 있으며, 처벌규정과 해고 요건을 강화하고 퇴직금의 지급을 의무화하는 내용으로 구성되어 있다. 또한, 법 집행의 강화를 위해 노동행정부서의 법적 책임을 규정하고 있다. 노동 행정 주관부서도 법률 책임을 지는 동시에 담당 행정 요원 역시 책임을 피할 수 없다. 행정처분 뿐만 아니라 민형사상 책임도 질 수 있는 제도 설계로 인해 노동행정부서의 '노동계약법' 집행은 분명한 효과가 있을 것으로 예상된다.

'노동계약법'의 시행이 예고되자, 중국의 내국인 기업조차도 이 법의 시행에 상당한 불만을 표출했고 심지어 일부 기업은 "상부의 정책에 반하는 대응책을 마련하기도 했다上有政策, 下有對策." 2007년 중국 최대 통신설비제조사인 '화웨이深圳華爲技術公司', 산시山西의 국영기업인 시산석탄(Xishan Coal Electricity Group; 西山煤電公司) 등은 10년 이상 된 경력 노동자의 인사부담을 피하려고 인력조정을 감행했다. 언론에 노출된 이러한 사례 외에도 중국의 대다수 기업이 관리상의 불편을 해결하고자 각종 편법을 찾고 있다.

노동계약법 시행은 내국인 기업보다 외국인 기업에 훨씬 더 큰 충격을 가져왔다. 노동계약의 장기화, 노동자의 해고 요건 강화, 경제보상금 적용 확대 등은 인건비의 대폭적인 부담으로 작용하였다. KOTRA의 조사에 의하면, 응답자의 43%는 중국의 노동계약법 실시로 인해 20~30%의 인건비 추가상승이 예상된다고 응답했다.

이러한 인건비 부담은 제조업계에 상대적으로 큰 타격을 준 것으로 파악되며, 이는 아래의 인터뷰에 잘 드러나 있다.

"회사의 경쟁력은 원가 경쟁에 따라 좌우됩니다. 특히 당사의 주요 원재료인 순금, 칩 등은 어느 지역을 가더라도 비슷한 가격에 조달할 수 있어서 회사의 이익은 결국 인건비 차이에서 결정 난다고 볼 수 있죠. 하지만 현재 위치한 지역의 최저임금은 1,540위안으로 중국에서 6위 정도를 차지할 정도로 높은 수준이고 주택보조금과 5대 보험을 합하면 3,000위안까지 올라 과거보다 큰 폭으로 상승했습니다. 특히 5대 보험 의무 가입 등 노동관계법 강화 이후 해당 비용만 임금의 약 40%를 차지할 정도로 인건비가 큰 폭으로 상승해 회사 경쟁력은 크게 떨어진 상태입니다."라고 어려움을 토로한다(반도체 관련 제조업체, 인터뷰노트 ZJ2-20130801).

이 인터뷰를 통해 해당 기업은 인건비 경쟁력 확보를 위해 중국진출을 선택했다고 판단할 수 있으며, 노동계약법의 시행으로 인해 상당한 정도의 타격을 받고 있다고 추측할 수 있다.

> "1997년 당시 기본급은 250위안이었으나 현재는 1,130위안까지 상승했고 인근에 한국 대기업이 진출하면서 복지 수준이 높아지다 보니 중소기업에 소속된 노동자들도 대기업 수준의 복지를 요구하고 있는 상황입니다. 또한, 춘절만 되면 1개월 전부터 인력이 빠져나가면서 인력 공백으로 인한 생산 차질로 정규직보다 더 많은 임금을 주고서라도 비정규직 인력을 활용하고 있는 실정입니다."라고 어려움을 토로한다(하네스 케이블 제조업체, 인터뷰노트 JS2-20130809).

해당 기업은 기본급 증가 외에도 중국에서 한국 대기업과 경쟁하다 보니 자본운용의 융통성과 자본력이 떨어지는 중소기업이 불리하다는 처지이다. 이렇게 기본적으로 어려운 중소기업에 신노동법제의 시행은 더욱더 힘든 상황을 만들고 있다는 것이다.

노무관리의 어려움 역시 더욱더 증가하고 있다. 가용성 케이블 (Flexible Flat Cable)을 제조하는 중국 소재 한국기업은 다음과 같이 어려움을 토로한다.

> "기계를 운영하더라도 한국 같으면 한 사람이 2~3대의 기계를 관리할 수 있지만, 중국은 반대로 기계 한 대당 2~3명이 필요합니다. 무단결근으로 설비 가동이 중단되는 사례가 빈번하기 때문입니다. 그런 데다 중국의 노동법이 바뀐 이후 노동자들의 태도가 변하여 태업, 퇴사 유도 등의 행동이 빈번하게 일어나고 있습니다. 만약 노동자를 무단 해고한다면 실직급여 외 추가비용이 많이 소요되기 때문에 기업이 함부로 해고조치를 할 수 없다는 것을 노동자들이 알고

있기 때문입니다(인터뷰노트 JS5-20130820)."

해당 기업 역시 한국보다 저렴한 인건비를 예상하고 중국에 진출했지만, 근무 태도나 기술 수준 등은 기대수준에 훨씬 미치지 못함으로써 인건비 절감 효과가 실질적으로 나타나지 않는 어려움을 호소하고 있다. 그뿐만 아니라 노동자의 권익 보호에 치중한 최근의 신노동법제 시행으로 인해 노무관리가 더욱 어려워져, 사실상 중국에서 경영 활동을 유지하기가 쉽지 않다고 판단하고 있다.

사실 한국기업의 중국투자 동기는 내수시장공략(34.0%) 다음으로 저렴한 노동력 활용(20.9%)에 있다. 그러나 이런 동기를 가지고 진출한 기업이 투자 진출 당시와 비교해 경영환경이 어떻게 변화했는가에 대해 엇갈린 반응을 보였다. 서비스업의 경우는 56.8%가 '개선' 또는 '매우 개선'되었다고 평가하는 반면, 제조업에서는 '악화' 또는 '매우 악화'되었다는 반응이 상대적으로 높다. 이 같은 현상은 2007년 이래 지속된 중국 내 인건비 등 비용 상승, 가공무역 금지품목 확대, 노동관계법 강화 등 중국의 내적 환경변화와 2008년 하반기 이후의 글로벌 금융위기에 따른 수출시장 위축요인으로 제조업의 경영 여건은 매우 나빠졌지만, 내수 위주인 서비스 산업에서는 크게 나빠졌다고 느끼지 않는다는 사실을 보여 준다.

사실상 현재 중국에서 성공적으로 기업을 경영하고 있는 기업도 외자기업으로서의 한계를 느끼고 있다. 언젠가는 중국 현지기업에 역전당할 것이라는 인식이 팽배하다. 외자기업은 최근 중국정부가 추진하고 있는 노동관계법 강화, 환경규제 강화 등을 원칙 그대로 적용받고 있지만, 중국 현지기업은 적당한 선에서 적용받고 있으며, 중국정부의 지원 또한 외자기업을 완전히 배제한 가운데 현지기업 위주로 추진되고 있어 심각한 차별 대우를 받고 있다고 인식한다.

(3) 기술개발 리스크

재중 한국기업들은 시장에서의 경쟁우위 확보를 위한 지속적인 기술개발이 절실하다. 중국이 빠르게 성장하면서 중국진출 외자기업과 중국의 현지기업 간의 경쟁이 갈수록 격화되고 있지만, 중국정부의 자국 기업에 대한 각종 지원, 외자기업 인력관리의 한계 등으로 외자기업이 현지기업과 동등선상에서 경쟁하는 것은 매우 불리해졌다. 이러한 문제를 극복하기 위해서 재중 한국기업은 지속적인 기술개발이 필요하다.

하지만 중국 현지에서의 R&D사업 추진 및 기술개발, 첨단기술 도입은 상당한 리스크를 안고 있어 이중고를 겪고 있다. 중국 현지에서의 기술개발은 새로운 기술을 개발하는 과정에서부터 정보가 유출될 가능성이 크다. 인터뷰에 의하면, F기업은 한국에서 새로운 기술을 들여와 사용한 적이 있는데, 해당 부품의 소모율이 특별한 이유 없이 급격히 증가했다. 그 원인을 조사해보니 현지직원이 해당 부품을 인근의 경쟁기업에 유출한 것으로 밝혀졌다.

기술유출에 대한 우려뿐만 아니라 재중 한국 중소기업에 내재된 한계성을 고려할 때 중소기업이 자체적으로 R&D를 추진하는 것은 거의 불가능하다. 기술개발을 원활히 하기 위해서는 정부의 지원, 산학연産學研 연계 강화 등이 필요하지만, 중국에서 이러한 것을 기대할 수 없기 때문이다. 따라서 많은 재중 한국기업들은 본국으로의 U턴을 통해 본국에서 R&D사업 추진 및 첨단기술 도입을 희망하고 있다.

중국 현지직원에 대한 불신 외에도 설비 유지관리의 어려움도 유턴을 희망하는 이유 중의 하나이다.

> "당사 공장 직원들과 주변 공장 직원들이 서로 잘 아는 사이다 보니
> 신제품 생산 시 주변 공장으로 빼돌리는 사례가 빈번하게 발생합니
> 다. 이를 적발하려고 애쓰고는 있지만 쉽지만은 않아 주변 회사로 기
> 술만 유출되고 있는 상황입니다. 또한, 해외 현지에서 설비를 유지
> 관리하기도 어려운 상황입니다. 중국 현지 설비를 구매하면 A/S 기
> 간 불이행 등으로 A/S 받기가 쉽지 않아 한국 등 외국기업의 설비를
> 구매하였는데 판매 기업이 현지 경영 여건에 따라 A/S 지점을 철수
> 시키면 결국 A/S 받기가 어려워지는 거죠(Flexible Flat Cable 제
> 조업체, 인터뷰노트 SD2-20150807)."

종합하면, 대기업과는 달리 중소기업은 중국진출 이유로서 저렴한
임금구조를 선택했다. 특히 중국 현지 종업원 수가 많은 기업일수록 임
금구조가 주요한 진출 원인이다. 그러나 현지 경영에서는 임금구조 외
에도 제도적 환경의 변화, 중국정부가 제공한 각종 우대혜택의 축소,
중국의 경제외적 리스크가 적지 않은 영향을 미치고 있음을 확인할 수
있었다.

중국진출 후 현지 경영과정에서의 부정적 장애 요인으로서 '임금구
조'가 37.8%로 가장 높고, 다음으로는 중국정부의 각종 우대혜택이
27.0% 순으로 나타난 조사 결과에서도 이와 같은 영향을 확인할 수 있
다. 임금구조 외에도 우대혜택의 축소, 환율급등, 현지의 각종 규제, 일
자리 부족, 협력업체의 품질 불안정 및 원부자재의 품질저하, 기술유출
우려 등이 있다. 이러한 결과는 현지 경영과정에서 임금구조와 함께 비
경제적 요인도 매우 중요하게 작용한다는 것을 보여주는 것이다.

제3절 철수기업의 확대와 한국정부의 대책

대만정부는 1990년대 대만기업의 중국으로 향한 투자 열풍에 제동을 걸고, 기업들이 동남아 등지로 투자하도록 소위 '남진정책南向政策'을 추진한 바 있다. 최근에는 대만기업의 유턴을 위해서도 여러 가지 정책을 시행했다. 그러나 상대적으로 한국에는 대중국투자를 장려하거나 제한하는 정책적 차원의 노력은 많지 않은 편이다. 정부 관계기관이나 부처, KOTRA 등의 기관에서 중국 현지와 관련된 투자유치정보 등을 제공하기는 하나 정부 차원의 적극적인 정책 시행은 그다지 많지 않다, 그러나 최근 한중 양국 간 외교 문제로 확대될 우려가 있는 '무단철수'가 많아지자 이에 대비한 한국정부의 대책이 마련되었다.

1. 무단철수

KIEP 베이징사무소(2008)와 한국수출입은행(2009)이 발표한 자료에 의하면, 2003년을 기점으로 하여 무단철수기업이 등장하기 시작했다. 특히, 2003년에서 2007년의 기간 내 산둥성 칭다오青島 지역 소재 한국기업의 무단철수는 빠른 속도로 증가했다.

<표 3-2> 칭다오시 한국투자기업 중 무단철수기업 비교표

	2000	2001	2002	2003	2004	2005	2006	2007	합계
신규투자 기업 수	560	663	1010	1356	1543	1691	801	609	8233
무단철수 기업 수				21	25	30	43	87	206

자료 출처: KIEP 베이징사무소. 2008. 중국 경제 현안 브리핑. 7월 8일.

무단철수기업 가운데 공예품 기업이 30.5%를 차지했고, 의류 및 완구가 16%, 피혁이 13.6%를 차지했다. 기업 규모별로는 직원 수 50명 미만의 중소기업이 압도적으로 많았다(55.3%).

<표 3-3> 칭다오시 무단철수 한국기업의 업종별 분포

	공예품	의류·완구	피혁	싱자	신발	방직	기타	합계
2003-2007	63	33	28	14	13	6	49	206
비중(%)	30.5	16.0	13.6	6.8	6.3	3.0	23.8	100

자료 출처: KIEP 베이징사무소. 2008. 중국 경제 현안 브리핑. 7월 8일.

또 다른 조사에 의하면, 한국의 노동집약적 중소기업이 대거 진출해 있는 칭다오지역에서는 2003년부터 2007년까지 206개의 한국기업이 무단철수하였고, 이러한 무단철수는 2008년 이후에도 줄어들지 않고 있다.

<표 3-4> 중국 산둥성 칭다오지역 기업 규모별 한국투자기업 무단철수 현황(2003~07)

구분	1~50	51~100	101~300	301~500	501~1000	10000이상	합계
건	114	29	47	8	7	1	206
비중	55.3	14.1	22.8	3.9	3.4	0.5	100

자료 출처: 한국수출입은행. 2009. "칭다오지역 투자기업 무단철수 현황".

중소 수출기업이 집중적으로 진출했던 선양瀋陽의 수자툰蘇家屯 지역에도 50% 이상의 기업이 문을 닫거나 타 지역으로 이전했다.

재중 한국기업의 무단철수가 확대되자, 현지사회는 물론 한국 사회에서도 이에 대한 정부의 대책강구를 촉구했고, 한국정부는 관련 기관과 함께 철수기업에 대한 대책 마련을 시작했다. 2007년 1월 한국의 산업자원부, 외교통상부, 노동부, 중소기업진흥공단, 무역협회의 대표가 포함된 '중국 내 한국기업 불법철수에 관한 피해 상황 조사팀'을 발족했다. 2007년 2월에는 KOTRA 칭다오무역관, 한국 중소기업센터가 참여하여 중국 최초로 '한국기업 청산 협조팀'을 발족하기도 했다. 또한, '기업상담센터'가 주중 대한민국대사관에 설치되어 철수위기에 처한 기업들에 대한 운영지원을 전담했다.

중국 측도 정부 차원에서 철수기업에 대한 대책을 마련해 왔다. 2007년 4월 칭다오시 정부 정책연구실에서는 한국기업들의 철수에 대한 대응으로 '한국기업 무단철수 조사팀'을 발족하여 한국기업 철수 속도를 조절하여 중국 경제에 미치는 악영향을 최소화하고자 했다.

2. 유턴 기업 지원정책

사실 유턴 지원정책은 한국뿐만 아니라, 일본, 대만, 미국 등의 국가에서도 이미 시행되고 있다.[55] 한국정부는 해외투자를 떠났던 기업들의 국내복귀를 장려하고 도움을 주기 위해 2014년 '유턴기업지원법'을 제정했다. 이 정책은 각종 보조금 지원, 산업용지 확보, 연구개발 지원 등으로 구분된다. 해외 진출기업의 유턴을 지원하기 위한 '해외 진출기업의 국내복귀 지원에 관한 법률(약칭 유턴기업지원법)'이 2013년 12월 7일 시행됨에 따라 정부와 지자체의 유턴 지원이 본격화되었다. 정부는 유턴 기업의 원활한 국내 정착을 위해 기존 조세감면 및 보조금 지원 제도의 보완과 강화, 인력, R&D, 입지 지원의 강화, 공동 R&D 센터 설립 및 산학연 네트워크 구축 등 R&D 지원체계 구축, 유턴 기업의 국내수요 확보 및 현지사업장 청산지원 체계를 구축하는 등의 지

---

55) 미국에서는 해외에 진출했던 미국기업이 본국으로 복귀하는 현상을 'reshoring'이라고 일컫는다. 유턴(u-turn)은 한국과 일본에서 사용되는 표현이다.

원을 하고 있다. 주요 특징으로는 지역별 특화산업과 연계한 입주를 장
려하며, 유턴 기업 전용 단지와 새만금·황해 경제자유구역(FEZ) 내에
의 집단유치를 비교적 장려하는 편이다.

한국정부의 지원법 제정 및 장려방안 외에도 경기도, 전라북도 등의
지방자치단체에서도 해외에 진출하였던 국내기업의 유턴을 장려하고
있다. 특히 경기중소기업종합지원센터는 2013년 발간한『중국 진출기
업의 경기도 U턴 수요 분석과 시사점』에서 중국에서 유턴하고자 하는
기업 중의 절반 이상이 경기도 복귀를 선호한다고 밝혔으며, 관련 지원
을 확대할 전망이다. 중국 칭다오靑島에 진출하였던 주얼리 기업의 유
턴 기업 중 상당수가 전라북도 익산 소재 익산 제3일반산업단지 내 주
얼리 전용 단지로 이전하였으며, 익산시도 이들 기업에 대해 용지매입
비 40%, 설비투자비 10%를 지원하고 연구개발센터 등 구축, 맞춤형
인력양성 지원 등을 해 오고 있다.

3. 기타 장려 정책

사실상 중국의 내수시장이나 중국 내륙으로의 진출, 동남아로의 진
출(P-turn) 등은 한국정부의 정책적 차원의 지원 대책은 없었다. 다만
중국 진출기업의 경영상의 문제를 해결하려는 방법으로, 정부의 관련
기관이나 부처, KOTRA 등에서 중국 현지상황과 관련된 투자유치 정
보 등을 제공하는 수준에 머물렀다.

한국정부 및 관계기관에서는 중국 내수시장에 관한 정보를 제공하
며, 기업에 네트워킹의 기회를 마련하고자 박람회 및 사절단 등을 파견
하는 데에 도움을 주고 있다. 일례로 한국무역협회에서는 중국 내수시
장 진출 촉진단을 모집하여 파견한 바 있다. 외교부, 중국 현지공관,

KOTRA, 무역협회, 중소기업 수출 지원센터 등에서 관련 정보를 제공하고 있다. 이러한 지원 외에도 정부 출연 연구기관에서는 최근 몇 년간 내수시장 관련 보고서를 출판해 왔다.

또한, 한국기업의 동남아 진출 정보도 지속해서 제공하고 있다. 이는 중국에 지나치게 편중된 한국의 해외직접투자를 다변화하여 중국에 경제가 예속되는 것을 방지하기 위한 대책 중의 하나로 볼 수 있다.

이 밖에도 한국정부는 개성공단과 관련된 정책적 지원도 소홀히 하지 않았다. 개성공단 투자 관련 국내지원 법률 및 현황은 주로 한국수출입은행의 남북경협 자금을 통해 이루어진다. 한국수출입은행은 개성공단 입주업체에 최대 3,000억 원을 지원하며, '수출자금 지원 우대방안'으로 개성공단 투자기업 중 수출실적이 있는 중소·중견기업에 대한 대출 금리를 최대 0.5%포인트 우대조건을 내세우고 있다. 또한, 대출한도도 현재 수출실적의 60~90%까지 차등 지원하는 것을 100%까지 확대한다.

남북협력기금은 남북 간 상호교류와 협력을 촉진하기 위하여 설치된 기금으로, 남한 주민이 북한과의 교역 및 경제 분야 협력 사업을 수행하는 데 소요되는 자금을 대출해주는 제도이다. 대출종류는 북한으로 교역대상 물품(위탁가공용 원부자재 및 설비 포함)을 반출하거나 반입하는 남한 주민에게 대출해주는 교역자금 대출, 북한 주민과 기술·자본·인력을 공동 또는 단독으로 투입하여 경제협력 사업을 시행하는 남한 주민에게 대출하는 형태인 경제협력사업자금대출로 구분된다.

이상과 같이, 한국정부는 우리나라 기업이 해외로 진출하는 데에 필요한 각종 정보를 제공해 줌과 동시에 해외로 진출한 기업이 경영난의 극복을 위해 국내로 복귀하거나 동남아시아와 같은 제3국 진출, 혹은

개성공단 진출 가능성 등의 다양한 선택지에서 전략적인 선택을 가능
하게 할 수 있도록 각종 직간접적인 지원과 장려정책을 시행하고 있다.

제4절 중국투자 한국기업의 대응전략

외국 투자자들은 변화하는 중국 비즈니스 환경에 적응하기 위해 어
떤 선택을 취할까? 이번 장에서는 이러한 물음에 답하기 위해 재중 한
국 중소기업의 선택을 유형화했다. 재중 한국기업의 선택은 내수시장
진출, 내륙 이전, 한국으로의 복귀(유턴), 제3국행을 선택하는 P-turn,
북한행을 선택하는 K-turn(개성공단행) 등 5가지 유형으로 구분된다.
아래의 <표 3-5>에서는 한국기업의 대응전략을 정치 리스크와 국경 내·
간 이동과 병치하여 살펴보고자 했다.

<표 3-5> 한국기업의 대응전략

		한국기업의 대응전략	
		중국 내 이동	초국적 이동
정치 리스크	잠재적으로 높음	내륙 이전	K-turn (개성공단행) P-turn(제3국행)
	잠재적으로 낮음	내수시장 진출	U-turn(한국 복귀)

자료 출처: 필자 작성.

1. 유형 1: 내륙 이전

FDI 투자환경 변화는 중국 소재 외국기업을 내륙 지역으로 이동하게
하는 원동력 중 하나이다. 하이얼(haier), 메이디(Midea), 티씨엘(TCL),

유니레버(unilever), 폭스콘(foxconn), 인텔(intel) 등의 기업은 한때 동부 연안 지역에 위치하였으나 이미 내륙으로 이전했다.

기업들은 중국 내륙을 잠재적인 시장으로 바라보면서, 다음과 같은 전략을 구사한다. 첫째, 생산라인을 중국 내륙으로 이동한다. 이는 동부 연안 지역의 증가하는 생산비용 때문이다. 증가하는 생산비용을 절감하기 위해 외국기업을 비롯한 재중 한국기업들은 생산기지를 내륙으로 이전하는 방법을 선택한다. 예를 들어, 500대 포춘(Fortune) 기업에 속하는 유니레버는 생산기지를 내륙지방으로 이전한 1세대 기업 중 하나이다. 이러한 선택을 한 원인으로는 토지를 확보하고 동부 연안의 전력 손실을 최소화하기 위해서다. 최근 한국의 삼성전자는 시안西安에 공장을 신축했다. 한국타이어 역시 충칭重慶에 생산기지를 설립했다. 내륙으로의 생산기지 이전은 대기업뿐만 아니라 중소기업에서도 이루어졌다. 구체적인 수치는 발표된 바 없지만, 칭다오靑島의 한국 중소기업 중 많은 기업이 내륙으로 이전했다. 상하이上海, 선전深圳, 톈진天津, 옌타이煙臺, 다롄大連, 칭다오靑島 등 동부 연안 지역 소재 기업들의 내륙 이전은 돌이킬 수 없는 추세로 자리 잡았다.

둘째, 일부 기업들은 듀얼 시스템을 실시하고 있다. 듀얼 시스템이란 중국 내륙에 생산기지를 이전하고 동부지역에 연구개발센터를 유지하는 형태이다. 인텔이 바로 그러한 예인데 청두成都에 생산라인을 세우고 상하이에 연구개발센터를 설립하는 형태이다.

이상을 종합하여 살펴보면, 중부와 서부지역은 동부지역보다 생산비 절감, 노동력 공급의 대안, 새로운 생산기지, 향후 소비시장의 가능성 등을 비교우위로 가지고 있는 지역이다. 이러한 비교우위를 확보하기 위해 기업들이 생산기지를 내륙으로 이전하고 있다. 그뿐만 아니라 연해 지역에 연구개발센터 등을 설립하고 내륙에도 진출하는 듀얼 시스템을 갖는 기업도 적지 않게 출현하고 있다.

2. 유형 2: 내수시장 진출

중국은 그동안 '세계의 공장'으로 간주하여왔으나 이제는 내수 전략으로의 전환을 요구하고 있다. KOTRA가 조사한 2010 해외 진출기업 실태조사 보고서에 의하면, 중국 내수시장 진출전략 추진 여부와 관련하여 '적극적으로 추진 중' 또는 '향후 추진예정' 응답 비율이 72.4%로 조사되었다. 또한 '추진 필요성은 있으나 여력 부족' 비율이 21.5%인 것을 고려할 때, 대부분 투자기업이 내수시장 진출의 필요성이 있다고 판단하는 것으로 파악된다. 또한, 내수시장 진출 시 애로사항으로는 '경쟁 심화'(35.4%)와 '전문인력 부족'(27.9%), '정보 부족'(16.4%) 등을 선택했다.

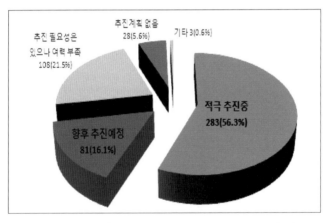

자료 출처: KOTRA(2010), 『2010 해외 진출기업 실태조사 보고서-중국, 베트남, 인도네시아 Grand Survey-』(서울: 코트라), 37쪽.

<그림 3-8> 중국 내수시장 진출전략 추진 여부(503개 사 응답)

이상의 내용과 위 <그림 3-8>을 종합해 보면 실제로 내수시장 진출은 필요하다고 판단되지만, 성공적으로 실천하기는 매우 힘든 것으로 나타났다.

3. 유형 3: U턴

가. U유턴의 유형과 현황

경기 중소기업 종합지원 센터가 발표한 2013년 자료에 따르면, 한국 기업이 유턴을 선택하는 이유는 첫째, 중국 내 노무 환경 변화로 인한 인건비의 증가, 둘째, 경영환경의 변화, 셋째 중국 내 각종 규제 강화로 인한 세금 부담의 증가, 넷째, 중국 내 불신, 설비 유지관리의 어려움 등이다.

KOTRA가 진행한 설문조사에서도 유턴선택의 원인은 크게 다르지 않다. 유턴을 선택하는 주요 원인으로는 중국 내 비즈니스 환경의 악화가 전체 응답자의 53.3%를 차지했다. 중국 내 우수한 노동력 공급의 어려움을 꼽은 응답자는 16.2%였고, 시장성과의 악화를 선택한 응답자도 전체 응답자의 약 11.6%를 차지했다.

U턴은 본국으로 돌아오는 복귀 투자형태로, 국내사업장과 해외사업장 유무와 복귀형태에 따라 '완전복귀'와 '부분축소'로 구분할 수 있다. 완전복귀는 중국 내 사업장을 완전히 철수하고 한국에 사업장 및 공장을 유지하는 형태이며, 부분축소는 해외사업장 일부를 축소하는 형태이다.

KOTRA의 설문조사에 따르면, 재중 한국기업이 한국으로 유턴하였을 경우 선호하는 지역으로는 경기도(47.7%), 비수도권(36.4%), 인천

(10.2%), 서울(5.7%) 등으로 나타났다.

<표 3-6> U턴 기업의 유형

		유형	
		해외사업장	국내
국내사업장	무	완전복귀	신설
		사업장 유지 & 부분축소	신설
	유	완전복귀	신설
			증설
		부분축소	신설
			증설

자료 출처: 필자 작성.

나. U턴의 초국가주의적 특징

중국투자 한국기업은 투자 진출에서부터 한국과 중국에 분산투자하는 초국가주의적 선택을 했다. 2010년 KOTRA가 진행한 해외 진출기업 실태조사 보고서에 의하면, 한국 내 공장을 유지(또는 확대)하면서 중국투자를 한 기업 비중이 68.6%로 다수를 차지했다. 이는 중국투자 한국기업이 모국과의 경제적 연계를 가지면서 중국에 투자하는 초국가주의를 실천하고 있음을 의미한다. 유턴 기업의 유형에서도 기업들의 이러한 초국가주의 선택을 확인할 수 있었다. 중국진출 한국 투자기업의 U턴 유형 중 중국 현지 법인의 축소가 31.8%, 폐쇄 29.5%, 양도 25.0%, 유지가 10.2%로 나타났다. 현지 법인의 '축소'와 '유지'를 합치면 42.0%의 기업이 한국으로 U턴을 하더라도 중국에 최소한의 사업장을 유지하겠다는 견해를 밝힌 것이다. 이는 중국 현지 시장의 잠재력을 높게 평가하고 있기 때문으로 추정된다. 중국의 경제 규모가 G2로 성장하고, 머지않아 미국을 초월할 것이라는 전망이 대두되고 있는 점을 고려할 때 한국 투자기업은 비록 중국의 기업환경이 악화하더라도 세계 최대시장 가운데 하나인 중국시장과의 연계 관계를 지속해서 유지하겠다는 의지가 강한 것으로 판단된다.

4. 유형 4: P-turn

가. 현황

P-turn은 제3국으로 이동하는 형태이다. 베트남, 인도네시아, 미얀마 등 동남아시아 국가들은 한국기업의 새로운 투자지역으로 손꼽히고 있다. 한국기업들이 중국을 떠나 동남아시아행을 선택하는 이유는 앞서 논의된 다른 유형의 원인과 마찬가지로 '경영환경 악화'이다. 한국기업이 주로 투자하는 중국 성시별 최저임금은 이미 급격히 상승하여 한국기업이 감당하기 어려운 수준에 달했다. 이러한 점에서 한국기업은 베트남, 미얀마, 인도네시아 등 저렴한 노동력을 보유하고 있고, 기존의 생산기지와 근접한 지역인 점을 고려하여 이들 지역을 새로운 생산기지로 선택했다.

중국 내 기업환경이 열악해질 경우 어떤 선택을 할 것인가의 질문에서 응답 업체 중 '현 상태유지'가 39.9%로 가장 높게 나타났고, '제3국으로의 이전 고려' 30.6%, '국내로의 U턴 고려'가 17.5% 순으로 조사되었다. 국내로의 복귀보다는 제3국으로의 이전을 더욱 선호하는 것이다.

앞서 설명한 바와 같이, P-turn을 선택하는 많은 제조 기업들은 저렴한 노동력을 가지고 있는 동남아국가로 이동한다. 다른 국가로의 이전도 일부 존재하나, 언론 등 2차 자료에 나타나 있는 기업 사례는 베트남의 사례가 가장 많다. 패션업계에 종사하는 H 실업은 약 7천만 달러의 자금을 가지고 칭다오에서 베트남의 호찌민시로 이전했다. 합금 아연, 합금 도금, 동관, 동선 등을 제조하는 D 기업은 13만 달러를 투자하여 일부 시설을 칭다오에서 베트남 남부로 이전하였으며, 이 기업은 점차 중국에 있는 공장과 설비를 베트남으로 이전하고자 한다. 짧은 기간 사이에 이 기업은 타 지역으로의 이진을 다시 고려하고 있는데, 이는 최저임금 수준이 1인당 40,000동(베트남 화폐단위)에서 1백만 동으로 급격히 상승함에 그 원인을 찾고 있다. 이처럼 재중 한국기업은 저렴한 인건비를 확보하기 위해 지속해서 이전하고 있다.

한국 대기업과 중소기업 전기 전자업계는 '동반성장'이라는 전략 아래 P턴을 선택하기도 한다. 삼성전자는 2009년 이래로 베트남 북부인 박닌(Bac Ninh)에 휴대폰을 생산하는 공장을 설립했다. LG전자는 2020년까지 3억 달러를 투자하여 가전제품, 텔레비전, 모니터 등을 생산하던 흥옌(Hưng Yên)과 하이퐁(Hải Phòng) 소재 공장을 하이퐁(Hải Phòng)으로 이전하는 계획을 수립하고 있다. 통신기기와 전기모터를 생산하는 J 전자는 텐진에서 베트남 북부 빈푹성(Tỉnh Vĩnh Phúc)으로 이전했다. 삼성과 LG의 이전에 따라 협력업체인 중소기업 J 전자는 중국의 기반을 축소하고 베트남 투자를 확대할 생각이다.

나. P-turn의 초국가주의적 특징

제3국으로 이전한 재중 한국기업 역시 U-turn 기업과 마찬가지로 중국에서 완전히 철수하는 형태를 취하지 않고, 중국에 일부를 남겨놓고 제3국에 일부를 투자하는 초국가주의적 선택을 한다. 2006년 9월 중국에 진출한 칭다오青島 C 기업의 경우, 중국 현지에 대한 투자총액은 36

억이며 현재 400명의 인력이 근무하고 있다. 이 기업의 본사는 홍콩에 있으며, 중국 및 태국에도 현지공장을 운영하고 있다. 또한, 한국에는 파견 직원만 두어 근무시키고 있는데, 향후 한국에 지사를 설립할 계획이 있다. 이 기업의 사례는 중국에 투자한 후 중국의 경영환경 변화에 따라 제3국인 태국에도 현지공장을 운영하는 초국가주의적 운영의 대표적 사례이다.

칭다오靑島의 D 기업 역시 태국으로 공장 일부를 옮겼다. 1996년 중국에 진출하였지만, 최근 중국 현지 생산량이 급감하면서 중국 공장의 일부를 정리하고 있다. 이 기업은 반도체 비메모리 후공정 사업으로 본사는 구미에 있으며, 인건비 절감 목적으로 중국에 진출했으나, 중국의 인건비 상승으로 적자가 지속되자 태국으로 일부 공정을 이전했다.

5. 유형 5: 개성공단으로의 이전

대다수 재중 한국기업이 중국의 내수시장 진출 혹은 다른 지역으로의 이전(내륙진출 및 이전, 유턴, 동남아시아로 이전 등)을 선택하는 반면, 일부 재중 한국기업은 개성공단으로의 이전을 선택하기도 했다. 개성공단은 2002년 북한에 설립된 특별행정산업지구로, 2003년 착공하여 2004년 업무를 개시했다. 이는 남북한 간 상징적인 경제협력 중 하나이다. 중국에 진출한 경험이 있는 한국기업들이 개성공단을 선택하는 이유는 저렴한 인건비, 한국정부의 지원정책, 편리한 의사소통, 한민족 감정 등 여러 가지 요소가 작용했다.

D 회사는 1,400명 규모의 회사로 개성공단에 있는 패션 액세서리 제조업체이다. 이 회사 사장은 새로운 생산라인을 다른 나라에 설립하는 것보다 그래도 '공통분모'를 지닌 북한이 더 쉬울 것으로 판단하여

개성공단 이전을 선택했다. 이와 같이 개성공단은 한민족이라는 공통점이 큰 비중으로 작용했다.

2004년 개성공단 입주가 처음 시작되었고, 2005년에는 18개사로 시작하여 2013년에 이르러 총 296개사(입주기업 123개, 미착공기업 74개, 공사 중단기업 13개, 영업소 86개)에 이르게 되었다.

개성공단에 입주 혹은 입주 예정인 기업의 상당 부분은 중국에 진출했던 경험이 있는 기업으로 파악되었다. 개성공단 기업협의회가 제공한 자료에 의하면, 개성공단에 입주 혹은 입주 예정인 총 217개 기업 중 17.5%에 해당하는 38개 기업이 기존에 중국에 투자 진출했던 경험이 있는 것으로 나타났다. 가죽, 가방, 신발, 전기, 전자와 같은 일부 업종의 경우는 중국진출 경험이 있는 기업이 40%를 상회하기도 했다. 이는 중국의 경영환경이 악화되자 재중 한국기업 중 상당 부분이 개성공단으로 향한 것을 의미한다.

<표 3-7> 개성공단 입주기업의 중국진출 경험 비중

업종	중국진출경험 (기업 수, %)	직접진출 (기업 수, %)	합계(%)
섬유, 봉제, 의복	15(26.3)	42(73.7)	57(100.0)
가죽, 가방, 신발	6(40.0)	9(60.0)	15(100.0)
음식류, 기타제조업	3(11.1)	24(88.9)	27(100.0)
전기, 전자	7(41.2)	10(58.8)	17(100.0)
기계, 금속	3(9.7)	28(90.3)	31(100.0)
화학, 고무, 플라스틱	3(30.0)	7(70.0)	10(100.0)
협동화공장	1(1.8)	56(98.2)	57(100.0)
상업	0(0.0)	3(100.0)	3(100.0)
합계	38(17.5)	179(82.5)	217(100.0)

자료 출처: KITA 남베이징협 자료를 토대로 필자 정리.

또한, 개성공단에 입주한 기업 중에는 제3국으로의 투자 진출을 병행한 기업도 상당수 있는 것으로 보인다. 의류제조기업인 S 기업은 개성공단에 이어 아시아의 베트남, 캄보디아 및 인도네시아에 현지생산 공장을 설립했으며 미주시장 개척을 위해 과테말라에도 생산 공장을 가동 중이다.

중국에서 개성공단으로 공장을 이전한 상당수 기업은 중국의 현지 법인을 완전히 철수한 것이 아니다. 대부분 중국의 공장을 축소 또는 유지하면서 개성공단에 분산 투자했다. 1987년 설립된 양말 전문 제조업체 SH 기업은 2004년에 중국 칭다오에 생산 공장을 설립했고 2007년에는 개성공단에 공장을 설립해, 현재 국내, 칭다오, 개성공단 등 3개 지역에 생산설비를 갖추고 있다.

개성공단으로 이전한 한국 중소기업은 U-turn 기업이나 P-turn 기업의 경우에서 볼 수 있듯이 투자국이었던 중국에서 완전히 철수하는 기업도 있었지만, 중국의 투자를 존속시키고 개성공단으로의 투자를 시작하거나 확대하는 전략을 구사하는 기업들도 적지 않았다. 이들 역시 초국가주의적 선택을 하는 것이다.

6. 재중 한국기업의 초국가주의 실천

재중 한국기업들의 초국가주의 실천은 중국 현지사정이 변화하면서 더욱 강화되고 있다. 중국 현지의 경쟁 심화, 중국정부의 정책변화가 이들의 초국가주의 실천을 더욱 강화하고 있다. 중국에 투자한 한국의 중소 제조업은 중국 중소기업의 발전과 거대 국영기업과의 경쟁 속에서 그 경쟁력에 심각한 도전을 받지 않을 수 없었다. 그뿐만 아니라 중국정부의 정책변화도 이들을 지속해서 압박했다.

2005년부터 중국에서는 소위 '에너지 소모형', '오염형', '자원 소모형' 기업에 대하여 배척하는 정책을 채택했다. 또한, 2008년부터 시행한 '신노동법'은 중국투자 한국기업의 노동원가를 대폭 증가시켰다. 2005년의 경우, 노동자의 기본급이 동관東莞에서는 574위안, 광저우廣州에서는 684위안으로 각각 28%와 34%가 상향조정되었다.[56] 이러한 상승추세가 지속되어 2008년 동관에서는 이미 690위안, 광저우에서도 780위안으로 2005년에 비해 각 20%와 14% 재차 상승했다.[57]

임금상승의 압력과 중국정부 정책의 압박을 견디지 못한 제조업의 경우, 업종을 전환하거나 혹은 동남아 등 제3국으로의 분산투자, 한국으로의 유턴, 내수 전략으로의 전환 등 여러 가지 대응전략을 사용하게 되었다. 그러나 중국은 여전히 매력적인 시장을 가진 나라이다. 따라서 중국의 시장을 떠나지 않고 제조기지만을 제3국으로 옮기는 방안 등을 구사하게 된다. 자연스럽게 기업은 여러 나라에 그 기반을 두는 초국가적 기업형태를 지니게 된다. 초국가주의 실천을 통해 초국가적 경제영역을 구축해 나가는 것이다.

재중 한국기업의 한국 본국과의 연계를 강화하는 초국가주의 실천의 강화는 한국정부의 정책과도 연관이 깊다. 즉 최근에 시작된 중국투자 한국기업에 대한 한국정부의 회귀전략에 힘입어 이들의 초국가주의 실천이 더욱더 강화될 조짐이다. 중국에 진출한 한국기업들의 생산 공장을 자국으로 복귀시키는 '제조업 회귀(reshoring)'를 추진하기로 했기 때문이다.

이러한 한국정부의 전략 구사는 재중 한국인의 경제적 초국가주의

---

56) 魏鶴欽, 「大陸台商面臨成本高漲的困境」, 『靜宜會計』, 2005(11), 79-84쪽.

57) 魏鶴欽·張書豪, 「大陸台商環境審視行為 : 以東莞地區台商為例」, 『多國籍企業管理評論』, 2008(2), 41쪽.

실천을 더욱 강화할 것으로 예상된다. 제조업은 중국을 벗어나 한국으로 회귀하거나 혹은 동남아에 진출한다 하더라도, 중국시장의 매력을 완전히 도외시하기 어려워서 일정 정도의 기반은 중국에 그대로 둔 채 다각화를 시도할 것이기 때문이다. 따라서 한국 혹은 동남아 등 제3국의 생산 공장과 중국의 시장을 연결하는 초국가주의 실천을 더욱 강화할 것으로 예상된다.

재중 한국기업의 초국가주의 실천과 더불어 재중 한국인의 변화도 또 하나의 패턴으로 형성되고 있어 매우 의미 있는 변화로 볼 수 있다. 사드 사태를 전후하여 유학생을 포함한 재중 한국인이 현지 중국기업에 취업하는 사례가 늘고 있다. 이는 공급자인 중국기업의 처지에서는 덩치만 불린 기업의 질적 성장을 도모할 인재가 필요하게 되었고, 수요자인 재중 한국인의 처지에서는 기존 근무하던 혹은 근무하고자 희망했던 한국기업이 대거 철수하자, 기업을 따라 이동할 수 없는 문제, 또한 향후 중국시장의 잠재력에 대한 믿음, 중국기업의 상대적 선진화 등 요인이 작용하여, 현지 중국기업에 취업하는 경우가 점차 늘어나는 추세이다. 이는 재중 한국인의 초국가주의 실천을 더욱 강화하는 중요한 추세로 파악할 수 있다.

> "아마도 사드 사태 전후로부터 시작된 것 같은데, 여기 있는 한국 사람들이 이제는 중국기업에 취업하고자 하는 것이 큰 추세로 형성되고 있어요… 중국에 진출한 한국기업들이 사람도 줄여나가고 있고, 심지어는 베트남으로 기업을 빼고 있고, 그리고 한국기업에서 일해봤자 별 큰 메리트도 없고, 이제는 중국기업의 기업문화가 한국기업보다 오히려 '선진적이다'라는 판단도 서고… 중국기업은 혈연 지연 학연에 의한 것이 아니라 능력 위주로 선발하고 대우하고 있으니까… 능력 있는 한국인들은 당연히 가능하다면 중국기업에 취업하려고 하

는 것이지요…(인터뷰노트 BJ7-20180710)"

사드 사태 및 현지 경영조건의 악화로 인해 많은 중국투자 기업들이 중국에서 철수하여 제3국으로 재투자를 하거나 혹은 한국으로 복귀하면서 중국과의 연결이 약화하는 듯이 보이지만, 한국이나 제3국의 생산 공장과 중국의 시장을 연결하는 초국가주의 실천은 오히려 더욱 강화되는 추세로 전환되고 있는 것을 확인할 수 있다. 또한, 재중 한국인 역시 중국에서 빠져나오는 것이 아니라, 경쟁력을 갖춘 인재들이 중국 기업에 적극적으로 취업하면서, 새로운 형태의 경제생활 경험, 즉 초국가주의적 경제생활 세계를 더욱 넓게 구축해 나가는 추세를 확인할 수 있다.

제4장

재중 한국인의 사회생활과
초국가주의적 생활 경험

국가경계를 초월하는 이주자의 사회적 영역은 그들의 글로벌 경제변화에 대한 발 빠른 적응을 통해 구축된다. 경제적 적응이기 때문에 당연히 경제적 측면의 초국가적 연결이 우선되지만, 그에 따른 사회·문화적 연결 또한 더불어 강화된다.

이번 장에서는 제1절 사회문화적 측면에서 본 한중관계의 변화, 제2절 재중 한국인의 사회적 초국가주의 활동수준, 제3절 재중 한국인의 타민족과의 관계, 제4절 재중 한국인 자녀교육에서의 초국가주의 선택에 대한 관련 분석과 논의를 진행하고자 한다.

제1절 사회문화적 측면에서 본 한중관계의 변화

1. 사회문화적 교류의 확대

한국과 중국 양국은 학계·문화계·언론계 인사들에 대한 초청사업을 추진하고, 청소년 교류를 강화하며, 양국의 우의 증진 등을 위한 노력을 지속해 왔다. 이런 과정에서 중국 내 '한류韓流', 한국 내 '한풍漢風' 등 쌍방향 문화교류가 심화되고 있다.

한중 간 문화교류는 한중 양국의 수교 직후 양국 정부 간 협정에 따라 적극적으로 추진되기 시작했다. 1994년 3월 한국 대통령의 중국방문 시기 양국 정부가 체결한 <대한민국 정부와 중화인민공화국 정부 간 문화협력에 관한 협정>을 기점으로 교육, 과학, 문화, 예술, 신문, 방송, 영화, 체육 각 분야의 교류가 활발하게 진행되어왔다. 1994년 중국 총리의 한국방문으로 항공협정이 체결되어 직항로가 개설되면서 문화교류를 위한 발판도 함께 마련되었다.

정부의 문화교류 추진은 조속한 시일 내에 두 나라 간의 신뢰를 회복하는 것에 목적이 있었다고 할 수 있다. 한중 양국은 문화협정에 근거해 한중문화위원회 회의를 개최하고 정기적인 일정을 정해 문화교류 계획을 세워 실행해 나갔다. 한중 문화교류가 그간 지속해서 활발하게 이루어진 데에는 경제적 교류나 성부의 역할도 중요했지만 두 나라가 인접해 있어 인적왕래가 용이했고 한중 양국이 오랜 기간을 거쳐 형성된 역사적, 문화적 친근함이 있었기 때문일 것이다. 이제 한중 문화교류는 한중관계를 결정짓는 시금석 역할을 하는 셈이다.

2008년부터 5년간 방한 중국인 성장률은 연평균 20% 이상 꾸준히 증가했으며, 2013년 방한 중국인은 433만 명으로 전년 대비 52.5% 급증하여 방한 인바운드 최대시장으로 성장했다.[58]

<표 4-1> 중국 관광객 방한 현황 (단위: 명, %)

	2015	2016	2017	구성비
전체	13,231,651	17,241,823	13,335,758	100
중국	5,984,170	8,067,722	4,169,353	31.2

자료 출처: 한국관광공사 통계자료 필자 정리

2016년에도 중국인의 방한 규모는 급증하여 약 800만 명을 유치하여 평균 성장률 30.3%를 기록했다. 한국관광공사의 통계에 의하면, 2016년 전체 방한객 중 중국인이 차지하는 비율은 연평균 46.8%로, 중국시장이 방한 인바운드 성장을 실질적으로 견인했다고 판단할 수 있다. 하지만 2016년 7월 사드(THAAD, 고고도미사일방어체계) 배치 발표와 2017

---

58) 당시 일본인은 275만 명 방한했다.

년 3월 중국의 사드 보복 조치로 단체관광객의 한국방문을 제한하는 방한 금지령 이후 급격히 감소했음을 확인할 수 있다. 이는 중국인 관광객 90% 이상이 사용하는 결제 수단 유니언페이(Union Pay) 결제 데이터 7천만 건 빅 데이터 분석을 통해서도 간접적으로 확인되고 있다.59)

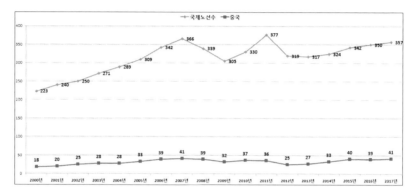

자료 출처: 국토교통부 통계자료 필자 정리

<그림 4-1> 한국과 중국의 항공노선 취항 추이도 (단위: 편)

양국 간 인적교류는 1992년 13만 명에서 2016년 1,283만 명으로 약 99배 증가했다. 이는 위 <그림 4-1>의 한국과 중국의 항공노선 추이도를 통해서도 확인할 수 있다. 국토교통부 항공통계에 따르면, 중국노선은 1998년 12개 노선에서 2017년 41개 노선으로 매년 꾸준히 증가하였다. 전체 국제노선 중 중국노선의 비중이 점차 증가하고 있음을 알 수 있다.

---

59) 연합뉴스, 사드 배치 결정 이후 경기도 내 중국 관광객 72%↓, 2017-04-27 08:24
경기도가 2015년 1월부터 2017년 4월까지 외국인 관광객 결제 데이터 7천만 건을 분석한 결과, 경기도 내 중국인 카드 사용자는 2016년 7월 2만 9천 명에서 2017년 4월 8천 명으로 72% 줄었으며, 이 기간 경기도 내 방문 중국인의 카드 사용액 역시 60억 5천만 원에서 20억 7천만 원으로 66%나 감소한 것으로 나타났다.

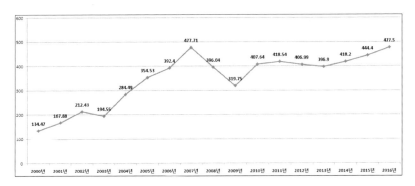

자료 출처: 중국 국가관광국, 한국관광공사 통계자료 필자 정리

<그림 4-2> 방중 한국인 수 추이도 (단위: 만 명)

이에 따른 한국인의 중국방문도 급속도로 증가하는 추세이다. 1992
년 수교 당시 4만 3천 명에 불과했던 한국인의 중국방문이 2016년 477
만 5천 명이 중국을 찾았다. 다른 국가와는 비교할 수 없을 정도로 빠
르게 증가해 왔다.

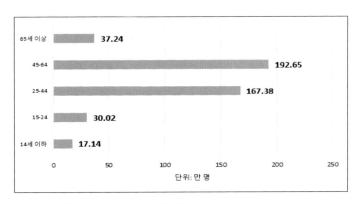

자료 출처: 중국 국가관광국 통계자료 필자 정리

<그림 4-3> 2015년 중국입국 한국인 연령대 분포도 (단위: 만 명)

중국 국가여행관리국의 통계에 따르면, 2015년 한 해 동안 중국에 입국한 한국인을 성별로 살펴보면, 남성 1681.19만 명, 여성 917.35만 명으로 나타났다. 연령대별로 살펴보면 위 <그림 4-3>과 같다.

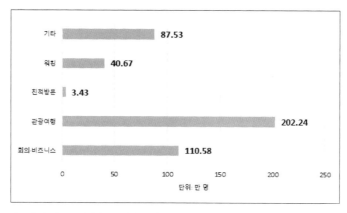

자료 출처: 중국 국가관광국 통계자료 필자 정리

<그림 4-4> 2015년 중국입국 목적별 분포도 (단위: 만 명)

2015년 한 해 한국인들의 중국방문 목적을 살펴보면, 관광·여행이 202.24만 명으로 가장 많았고, 회의·비즈니스 110.58만 명, 기타 87.53만 명, 워킹 40.67만 명, 친척 방문 3.43만 명 순으로 나타났다. 사회문화 교류가 매우 활발히 진행되고 있음을 알 수 있다.

그러나 2016년 사드 배치 결정으로 인해 한중 양국의 사회문화적 교류는 매우 큰 위기를 맞게 되었다. 이에 따른 중국의 경제보복, 외교적 냉대는 물론 교역, 투자, 인적교류 등에서 8.5조 원 정도의 막대한 손실을 보게 되었다는 분석, 양국 국민의 상대국에 대한 호감도 저하가 향후 양국관계 발전에 상당한 장애로 작용할 것이란 분석, 사드갈등이 짧은 기간 동안 진행되었음에도 그 파급효과는 지난 25년간의 우호적

양국관계의 구조적 틀을 흔들 정도로 심각했다는 분석, 향후 사드 문제
가 원만하게 해결된다 하더라도 양국관계는 이전으로 돌아가기 힘들
것이란 분석들이 지배적일 정도로 그 영향은 심각하다.[60]

2. 재중 한국인 사회의 형성과 변화

중국에 상주하는 한국인은 크게 유학생, 기업인(주재원)과 가족, 준
이민[61] 성격의 장기체류자 등의 집단으로 분류할 수 있다. 이를 통칭
해서 '재중 한국인'이라고 한다. 재중 한국인이란 명칭은 중국에 거주
하는 대한민국 국민을 지칭한다. 이는 혈통은 동일하나 중국 국적을 소
지한 '재중 조선족 동포'와 구분하기 위한 조작적 정의이다.

인구의 국제이동은 이주 기간에 따라 이민과 같은 영구적 이동, 사업,
해외 취업, 유학 등의 일시적 이동으로 나눌 수 있다. 그중 모국을 떠나
외국에서 일정 기간 이상 거주(상주)하는 경우를 장기체류자로 분류한
다. 중국에서는 일반적으로 1년을 기준으로 그 이상 거주한 것을 장기
체류 또는 장기거류로, 한국에서는 91일 이상은 장기체류로 분류한다.

---

60) 강준영, 「韓·中수교 25年: '新常態'시대의 도래」, 『중국학연구』 제82집, 중국학연구회, 2017,
203-227쪽; 김지윤·강충구·이지형, 「미중 패권경쟁 속 한국인의 사드(THAAD) 인식」, 『이슈브
리프』, 1월 23일호, 아산정책연구원, 2017; 김예경, 「한중관계 개선 관련 양국 간 협의 결과' 내용
분석 및 시사점」, 『이슈와 논점』, 제1376호, 국회입법조사처, 2017; 김재철, 「한중관계, 25주년의
성찰」, 『정세와 정책』, 9월호, 2017; 이성현, 「사드 해법은 왜 '차선책'을 선택해야 하는가?」, 『CSF
중국전문가 포럼』, 제64호, 2017; 주철기, 「한미관계와 한중관계는 건설적으로 양립 가능」, 『성균
관차이나브리프』, 제4권 제3호, 2016, 12-20쪽.

61) 준이민이란 법률적인 보장을 획득한 이민이 아니라, 법적 보장이 안 된 상태에서 장기간 목적국에
체류하는 경우를 지칭하는데, 생활터전을 현지에서 마련하여 생활한다는 측면에서는 이민과 같지
만, 현재 거주가 영속성을 띠지 못해 언제든지 본국으로 회귀할 수 있다는 측면에서는 단순 체류
자와 차이가 없는 상태라고 할 수 있다(민귀식, 2010). '재중 한국인'들은 유동성이 매우 큰 집단으
로 엄밀하게 따져서 이민자라고 볼 수 없다. 즉 영구정착을 목적으로 한 이주자라기보다 교육, 사업
혹은 노동을 위해 중국으로 이주한 장기체류자라고 할 수 있다. 또한, 그들은 이입국인 중국 사회
에서 영주권이나 시민권을 취득하기가 매우 어려운 제도적 환경에 처해 있다. 외국인의 취업 거류
증 유효기간이 최장 5년이지만, 5년 거류증(영주권), 2~3년 거류증(고급인재유치)을 소지한 한국
인은 매우 드물며, 대부분 1년 기한 거류증을 소지하고 있다. 이들은 일 년 단위의 단기 거류증을
소지하며 체류하고 있는 셈이다(김윤태 외, 2014).

가. 재중 한국인

외교부의 주중 한국대사관 및 중국 주재 각 영사관에서 집계한 자료에 근거하면, 재중 한국인은 1992년 한중 수교를 계기로 매년 급증하는 추세를 보였으나 2007년을 정점으로 다시 감소세로 돌아섰다. 그러나 2010년을 지나면서 소폭 증가세에 힘입어 안정되어가는 추세를 보인다. 이러한 변화는 금융위기의 여파로 2008년부터 중국투자 열풍이 사라졌고, 2010년 들어서서는 비교적 빠르게 회복세를 보인 한국과 중국의 경기회복과 관련이 깊은 것으로 판단된다.

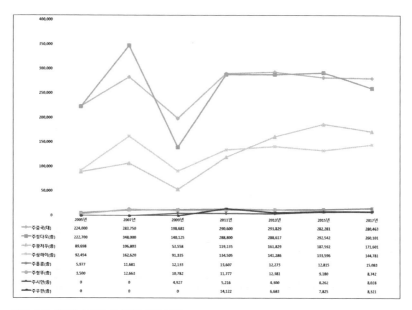

자료 출처: 외교부 연도별 통계자료 필자 정리

<그림 4-5> 중국의 지역별 재중 한국인 증감 추이 (단위: 명)

지역별 재중 한국인 증감 추이를 살펴보면,[62] 2007년을 기점으로 선양, 베이징, 칭다오, 상하이 등 한국인이 집중적으로 거주했던 지역은 전반적으로 감소하는 추세를 보이지만, 광저우를 대표로 한 우한, 시안 등의 남부 및 중서부 지역은 오히려 증가하는 추세를 보인다. 대내외 환경변화에 따른 재중 한국인 분포에 변화가 발생하고 있음을 알 수 있다.

나. 유학생

한국 학생의 해외 유학 연도별 추이를 살펴보면, 중국지역으로의 유학 비중이 2001년 10.9%에서 2002년 11.4%, 2004년 12.6%, 2005년 14.8%, 2006년 15.3%, 2007년 19.4%, 2008년 26.5%, 2009년 27.7%, 2010년 25.5%, 2011년 24%, 2012년 26.3%, 2013년 28.0%, 2014년 28.9%, 2015년 29.3%, 2016년 29.8%로 각각 나타났다. 그 비중이 꾸준히 증가하여 2016년 말까지 전체 해외유학생의 30%를 차지하고 있음을 알 수 있다.

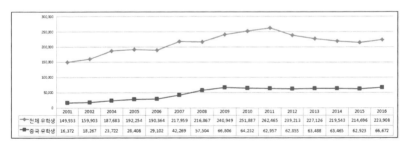

자료 출처: 한국교육부 통계자료 필자 정리

<그림 4-6> 재중 한국유학생 연도별 추이도 (단위: 명)

---

62) 외교부가 제공하는 2013년 이후의 자료는 재중 한국인과 재중 조선족을 포함한 재중동포 현황자료로 통합되어 있어 재중 한국인의 증감 추이를 별도로 파악하기 어렵다. 따라서 이 표에서는 2013년까지의 통계자료를 참고하였다.

2016년 말 기준 중국 교육부가 발표한 통계자료를 살펴보면, 재중 외국인 유학생 442,773명 중 한국인이 70,540명으로 가장 많았으며 이는 전체 외국 유학생의 16%에 해당한다. 특히 학위과정생(학사, 석박사)의 비중이 매년 증가하고 있다. 전공 역시 기존의 중국어 어학전공이나 인문학 관련 전공에서 사회과학 전반으로 다양화되고 있다.

유학생의 증가와 더불어 지역별, 대학별 유학생 단체도 증가하고 있다. 베이징 한국유학생회는 1992년 12월에 창립되었고, 2011년 12월 당시 기준으로 베이징 지역 19개 대학의 유학생 3만 5,000여 명이 가입되어 활동했다. 톈진天津, 상하이上海, 다롄大連, 선양瀋陽, 하얼빈哈爾濱, 옌볜延邊 등에도 유학생회가 분분히 구성되었고, 지역별 대학별 유학생회 간 상호교류 역시 확대되고 있다. 주요 활동 사항으로는 학교별 한국유학생 중심으로 학예·문화 활동을 전개하고, 유학생 생활계도 및 애로 사항 등에 대해 공동으로 협조하고 대처하며, 나아가서는 상호 간 애경사에도 적극적으로 참여하는 등 유학생의 현지생활 적응과 미래 개척에 적극적인 도움을 주고 있다.

다. 사회조직과 단체

지역별로 늘어나는 재중 한국인들의 권익 보호를 위해, 대한민국 정부는 베이징北京주재 주중대사관 산하에 지역별로 총영사관을 설치 운영하고 있다. 1993년 7월에는 주 상하이上海 총영사관을 설치하고, 1994년 9월에 주 칭다오青島 총영사관, 2001년 8월에 주 광저우廣州 총영사관, 2003년 4월에 주 선양瀋陽 총영사관(1999년 7월 영사사무소 개설 후 승격), 2005년 2월에는 주 청두成都 총영사관, 2006년 9월에 주 시안西安 총영사관, 2010년 10월에 주 우한武漢 총영사관을 설치 운영하고 있다.

이 밖에도 교민과 진출기업의 현지적응과 권익 보호를 위해, 각급 지원기관도 설치 운영되고 있다. 공기업의 경우, 대한무역투자진흥공사(KOTRA)를 필두로 한국석유공사, 한국전력공사, 한국관광공사, 한국수력원자력주식회사, 한국광업진흥공사, 한국전기통신공사, 한국토지공사, 농수산물유통공사 등이 설치 운영되고 있으며, 공공기관으로 중소기업진흥공단, 전국경제인연합회, 대한상공회의소, 한국대외경제정책연구원(KIEP), 한국무역협회(KITA), 한국표준협회, 한중과기협력중심, 한국문화산업진흥원, 한국Software진흥원, 전자부품연구원, 그밖에 은행 증권사 등 금융기관 등이 운영되고 있다. 이와 같은 공공기관, 공기업, 금융기관 등의 증가는 중국 내 한국인들의 권익 보호에 긍정적으로 작용한다. 공공기관과 공기업의 경우 중국 내 한국인의 기업 활동과 생활적응에 관련된 제반 문제를 중국정부와 직접 대화할 수 있는 유력한 창구가 될 수 있기 때문이다.

공공기관의 설치 운영과는 별도로 중국 내 한국인들의 자율적 사회단체도 점차 증가하고 있는 추세이다. 현재 파악되고 있는 주요 사회단체로는 '재중국 한국인회', '중국 한국상회' 및 각 지역별 한국 유학생회, 각종 종교단체, 각종 동호회, 동향회 등 친목 단체 등이 있다. 상하이의 경우, 천주교, 기독교, 불교 등 각종 종교단체는 물론이고 테니스, 축구, 골프, 탁구 등 운동 동호회, 충청, 전라, 경북 등 향우회, 해병전우회 등 각종 친목 단체들이 활동하고 있다. 한국인들이 중국 현지사회에서 구축하고 있는 각종 사회단체는 중국 내 거주 한국인의 친목 도모, 권익 신장, 복지향상 및 한중간 민간차원의 우호 협력 증진에 아주 긍정적인 역할을 하는 것으로 파악된다.

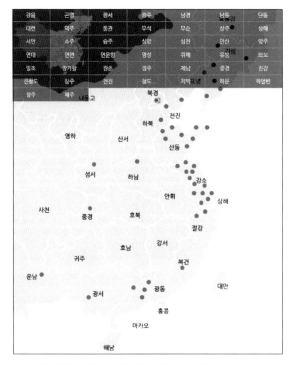

자료 출처: 중국 한국상회 홈페이지 자료(2017년 기준)

<그림 4-7> 재중 한국상회 분포도(44곳)

  '중국 한국상회'는 중국진출 한국기업들로 구성된 경제단체로서, 중국 내 21개 외국상회外國商會 중 7번째로 중국정부의 공식 비준을 받아 1993년 12월에 설립되었다. 중국에서는 서구식 상공회의소(Chamber of Industry and Commerce)를 상회商會라 지칭한다. 한때 51개 지역 상회의 연합체로 성장하기도 했으나, 2017년 기준으로는 44개 지역 상회의 연합체로 6,000여 회원사를 두고 활동하고 있다. 중국 한국상회의 주요 활동으로는 재중 한국기업을 위해 현지 경제정보를 제공하고, 격주간 「중국 경제정보」, 「중국 법령집」 등을 발간하며, 기업 간의 정보

교류, 친목 도모에 힘쓰고 있다.

'재중국 한국인회'는 1999년 12월 19일에 결성되었고, 중국 내 62개 도시 한국인회의 중국 본부로서, 중국 내 한국교민들의 권익을 대변하고, 중국 내 한국인의 사회발전을 위해 봉사하는 비영리 민간조직이다. 지회 조직으로는 6개의 지역연합회가 구성되어 있으며, 그 산하에 62개 도시 한국인회가 활동하고 있다. 그밖에 특별 지회로는 홍콩과 마카오 한인회가 구성되어 있다.

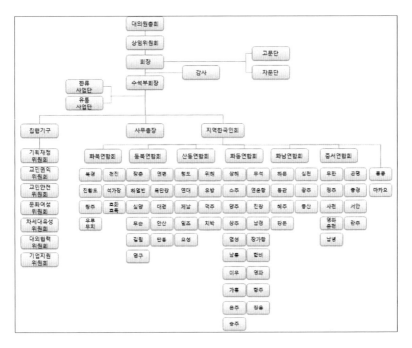

자료 출처: 재중국 한국인회 홈페이지 자료

<그림 4-8> 재중 한국인회 조직도 및 지역별 분회구성도

'민주평통 중국협의회'는 2009년 7월에 설립되었고, 2009년 11월에 중국협의회 출범 회의를 개최했다. 2011년 7월에는 5개 지역협의회를 신설하고 15기 자문위원 249명을 위촉하였는데, 베이징北京에 70명, 광저우廣州에 42명, 칭다오靑島에 66명, 상하이上海에 52명, 선양瀋陽에 19명 등이 활동하고 있다.

또한, '재중국 대한체육회'는 2005년 4월에 지부 승인을 받았으며, 대한체육회로부터 15번째 해외지부로 정식 인가받았다. 조직은 각 경기단체장 및 각 지회장 등으로 구성되어 있고 회원은 5,000여 명이다. 주요 활동으로 대한체육회의 중국지역 활동을 지원하고, 경기단체를 지원하며, 중국 체육계 인사와 교류를 강화하고 있다.

<표 4-2> 중국 내 한국학교 현황

학교명	인가일	학생 수 (학급 수)				
		유	초	중	고	계
베이징한국국제학교	'98.08.26.	64(4)	411(15)	223(9)	335(13)	1,033(41)
톈진한국국제학교	'01.03.05.	131(6)	323(12)	167(7)	196(8)	817(33)
상하이한국학교	'99.07.06.	0	551(22)	278(10)	483(19)	1,312(51)
우시한국학교	'08.03.01.	67(3)	156(6)	120(6)	160(6)	503(21)
쑤저우한국학교	'13.02.22.	9(1)	117(6)	73(3)	75(5)	274(15)
홍콩한국국제학교	'88.03.01.	32(2)	50(6)	16(3)	45(3)	143(14)
옌타이한국학교	'02.07.12.	0	219(10)	151(6)	241(10)	611(26)
칭다오청운한국학교	'06.05.30.	82(5)	352(12)	179(7)	203(9)	816(33)
따롄한국국제학교	'03.12.23.	14(1)	83(6)	67(3)	110(6)	274(16)
선양한국국제학교	'06.07.26.	53(3)	87(6)	53(3)	69(3)	262(15)
옌볜한국학교	'98.02.19.	0	26(6)	26(3)	34(3)	86(12)
광저우한국학교	'15.03.01.	0	89(6)	61(3)	84(4)	234(13)
소계(12개교)		452(25)	2,464(113)	1,414(63)	2,035(89)	6,365(290)

자료 출처: 교육부 통계자료(2017년 4월 1일 기준)

중국 내 한국학교의 현황은 위의 <표 4-2>와 같다. 한국인이나 한국기업이 집중적으로 분포하는 곳에서는 한국학교가 설립되어 있다.

"생산과 생활의 중심은 중국이지만, 정기적 비정기적으로 한국에 늘 들르는 생활, 이것이 재중 한국인의 보편적인 생활방식이다. 이러한 생활방식은 초국가적 유동을 가장 확실한 특징으로 한다. 매년 한국에 몇 번 들어가고, 들어갈 때마다 며칠을 머무는가는 개인의 사정에 따라 다르다. 때에 따라서는 중국이 중심이 되고, 또 다른 경우에선 한국이 생활의 근거지가 되기도 한다. 이들이 양국 간 유동을 편하고 빈번하게 한 것은 다름 아닌 교통의 발달이다. 양국 간 연결 교통, 특히 항공편의 증가와 비용의 저하는 이러한 유동을 빈번하게 만든 객관적 조건이다. 굳이 기업인이 아니더라도, 유학생이나 일반인, 주재원들도 이러한 유동에 큰 부담을 느끼지 않게 되었다. 이러한 환경적 조건은 양국 국민 간의 긴밀한 상호유동을 촉진하기에 충분했다 (인터뷰노트 QD12-20170709)."

이상의 술회와 같이 한국과 중국의 경계를 수시로 넘나들 수 있는 환경적 조건의 형성으로 말미암아 재중 한국인의 초국가주의적 생활 경험은 더욱더 용이해졌으며, 그들만이 갖는 새로운 공간이 창출되었고 지속되고 있다.

제2절 재중 한국인의 사회적 초국가주의 활동수준

앞에서 논의한 바와 같이 재중 한국인의 초국가주의적 활동은 매우 다양한 영역에서 다양한 범위와 강도로 나타나고 있다. 그중에서도 사회적 초국가주의 활동수준이 타 영역보다 가장 빈번하고 패턴화된 형태로 진행되고 있다. 왜냐하면, 재중 한국인의 중국 이주는 한중 양국

관계의 변화에 발 빠른 적응을 통해 경제적 차원의 초국가적 연결이었지만, 실제로는 사회문화적 연결을 통해 구축되고 발전, 변화된 것이라고 볼 수 있기 때문이다.

1. 재중 한국인의 현재 생활만족도와 어려움

재중 한국인의 현재 중국 생활에 대한 만족도를 묻는 질문에서 63.7%가 만족으로 나타나, 불만족(11.8%)보다 만족도가 상대적으로 높게 나타났다.[63] 성별로 살펴보면 여성이 남성보다 다소 만족하는 정도가 높게 나타났지만, 전반적으로 큰 차이는 없다. 학력별로 살펴보면, 고등학교 이하가 다른 학력보다 만족도가 전반적으로 떨어지는 것으로 나타났다.

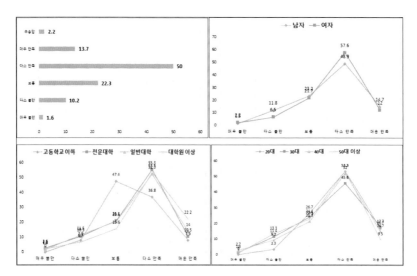

자료 출처: 설문지 조사 결과 필자 정리

<그림 4-9> 재중 한국인의 현재 생활만족도 (단위: %)

---

[63] 설문지 응답 시점은 2013년 8월부터 2014년 2월까지이다.

연령대별로 살펴보면, 전반적으로 동일한 양상을 보인다.

재중 한국인의 "현재 생활에 대한 만족도와 한국에서 그대로 있었을 때 기대되는 생활만족도와 비교했을 때 어떠한가"에 대한 질문에서, '낮다(29%)'를 제외하고 '동일하다(38.7%), 높다(31.1%), 약간 높다(24.7%), 크게 높다(5.4%)'인 것으로 나타나 전반적으로 만족하고 있는 것을 알 수 있다. 이 결과를 통해, 재중 한국인은 한국에서보다 비교적 높은 만족도를 가지고 생활하고 있음을 알 수 있다.

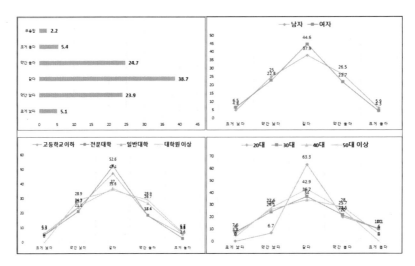

자료 출처: 설문지 조사 결과 필자 정리

<그림 4-10> 현재 생활만족도와 한국에서 기대한 생활만족도 비교 (단위: %)

보다 구체적으로 살펴보면, 남성이 여성보다 만족도가 다소 떨어지며, 고등학교 이하와 전문대학 졸업자가 그 이상 학력 소지자보다 만족도가 다소 떨어지는 것을 알 수 있다. 학력이 높을수록 한국에서의 기대보다 현재의 생활만족도가 높다는 것을 알 수 있다. 또한, 20대의 경

우는 높지도 낮지도 않다는 비율이 63.3%를 나타내 다른 연령대에 비해 비교적 특별한 모습을 보여 준다.

"만약 제도가 허용한다면 중국에 정착할 의향이 있는가"에 대한 질문에 '예(40.9%), 아니오(29.3%), 모르겠다(27.2%)'로 나타나 정착의향이 비교적 높다는 것을 알 수 있다. 이는 현재의 생활만족도 결과와 직접 부합되는 결과로, 생활만족도가 높은 만큼 정착의향도 높은 것으로 해석할 수 있다.

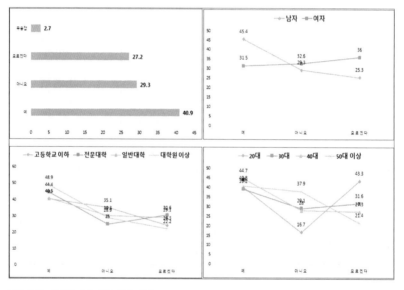

자료 출처: 설문지 조사 결과 필자 정리

<그림 4-11> 중국정착 의향 정도 (단위: %)

재중 한국인이 중국 생활에서 어떤 어려움과 차별을 겪고 있는지를 조사했다. 아래 <그림 4-12>와 같이 '직원채용 어려움(26.9%), 문화 차이로 인한 어려움(22.8%), 언어 및 의사소통에 의한 어려움(21.5%), 자

녀에 대한 우려(20.1%), 외로움(19.4%)' 순으로 어려움을 느끼지만, '지역사회와 마찰이 없다(71%), 민족차별이 없다(54.6%), 경제적 어려움이 없다(51.1%), 안전과 보안 걱정이 없다(47.3%)' 순으로 나타났다. 경제적 동인에 의한 이주비율이 가장 크게 작용한 것인 만큼 직원채용 어려움이 가장 크게 나타났다. 문화적, 언어적 차이로 인한 어려움도 비교적 높게 나타났는데, 중국 사회와의 교류 융합에 힘쓰고 있다는 것을 역설적으로 보여주는 부분이다. 이런 해석은 지역사회와의 마찰, 민족차별이 없다고 나타나는 결과와도 연관해서 추론할 수 있다. 교류와 융합 시도가 있어서 어려움을 인식하고 있는 것이고, 그 결과가 갈등과 반목으로 나타난다면 지역사회와의 마찰, 민족차별이 있다는 응답이 높아야 한다. 하지만 그렇지 않다는 것은 재중 한국인이 지역사회와의 융화와 교류에 힘쓰고 있으며, 그런 과정에서 어려움을 겪고 있기는 하지만, 전체적으로 볼 때 마찰과 민족차별을 경험하지 않는다고 판단할 수 있다.

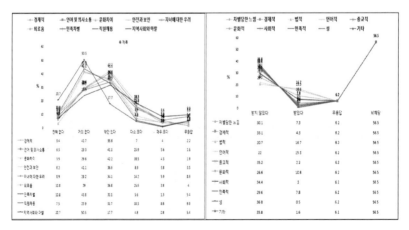

자료 출처: 설문지 조사 결과 필자 정리

<그림 4-12> 재중 한국인의 현지 어려움과 차별 정도 (단위: %)

재중 한국인이 "중국에서 생활하면서 외국인으로서 차별을 경험한 적이 있는가"의 질문에 대해 '있다(40.9%), 없다(56.5%), 무응답(2.7%)'으로 나타났다. 차별 분야를 살펴보면 '법적(16.7%), 언어적(15.3%), 문화적(10.8%)'으로 나타나 외국인으로서의 차별을 느끼고 있기는 하나 그다지 심각한 정도는 아니라는 것을 알 수 있다.

재중 한국인들은 현지에서 다양한 생활방식을 채택하고 있다. 우선 "현지 한국인 커뮤니티에서 생활하고 있는가"를 살펴보면 26.9%에 해당하는 이주자가 한국인 커뮤니티가 아닌 곳에서 생활하고 있었다. 또한, 한국인 커뮤니티에 생활하는 이유를 살펴보면, '교통이 편리하고 직장과 가깝기 때문(32.5%), 다른 곳보다 주거비가 저렴하고 경제적 생활 수준이 적당하기 때문(15.3%), 취업 정보와 고충 해결 등을 해결해주는 단체나 업체들이 있기 때문(9.1%), 조선족 동포가 많이 살고 있기 때문(1.1%)' 등의 순으로 나타났다. 교통과 주거비 등 경제적 요인이 사회문화적 요인보다 우선시되고 있음을 확인할 수 있다.

2. 재중 한국인의 초국가주의 사회 공간: 커뮤니티에 대한 평가

사회적 차원의 초국가주의적 생활 경험은 관련 커뮤니티 참여를 통한 사교적 활동, 상호 부조, 공적 의례와 같은 활동들로 나타나게 된다. 재중 한국인의 초국가주의 사회 공간이라고 할 수 있는 '현지 한국인 커뮤니티'에 대한 평가를 살펴보았다.

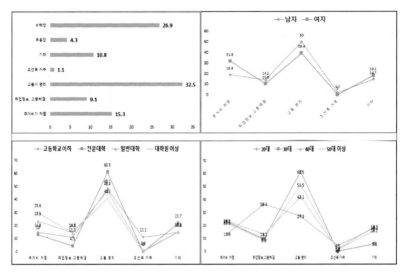

자료 출처: 설문지 조사 결과 필자 정리

<그림 4-13> 한국인 커뮤니티 형성 이유 (단위: %)

    성별로 살펴보면, 남성과 여성 모두 교통이 편리하고 직장과 가깝기 때문임을 선택한 비율이 가장 높았지만, 여성이 남성보다 주거비와 경제적 수준을 매우 중요시하고 있다는 사실을 알 수 있다. 학력별로 살펴보면 상대적으로 비율적인 차이가 있긴 하지만, 전반적인 패턴은 역시 교통이 편리하고 직장이 가깝기 때문임을 가장 많이 선택했다. 연령대별로 살펴보면, 20대가 취업 정보와 고충 해결 등을 해결해주는 단체나 업체들이 있기 때문임을 가장 많이 선택해 타 연령대와 비교적 큰 대조를 보였다.

    "재중 한국인이 사는 지역의 한국인 사회가 급격히 성장하고 있는가"에 대한 질문에 '보통(42.5%), 대체로 아닌 편이다(22.3%), 대체로 그런 편이다(22.3%)' 순으로 나타났다. 성별로 살펴보면 크게 차이가 나타나지 않았다. 학력별로 살펴보면 학력 수준이 높을수록 학력 수준이 낮은 사람보다 해당 지역의 한국인 사회가 대체로 급격히 성장하고 있다고 선택했다.

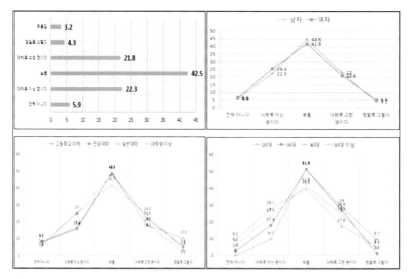

자료 출처: 설문지 조사 결과 필자 정리

<그림 4-14> 재중 한국인 사회의 평가 (단위: %)

연령대별로 살펴보면 연령대가 낮을수록 해당 지역의 한국인 사회가 급속히 성장하고 있다고 선택하는 경향이 강했고, 연령대가 높을수록 상대적으로 그렇지 않다고 선택하는 경향이 강했다.

아래 <그림 4-15>의 "커뮤니티 구성원들의 생활이 서로 밀접히 관련되어 있는가"에 대한 질문에 '보통(44.6%), 대체로 그런 편이다(29.6%), 대체로 아닌 편이다(16.7%)' 순으로 나타났다. 남녀의 성별로 다소 차이가 나타났으며, 학력 수준이 낮을수록 학력 수준이 높은 사람보다 대체로 구성원 간 상호 밀접히 관련되어 있다고 선택했다. 연령대가 낮을수록 연령대가 높은 사람보다 구성원 간 상호 밀접히 관련되어 있다고 선택하는 경향이 강했다.

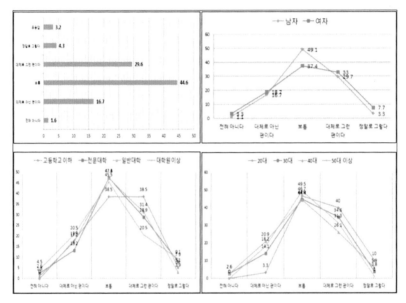

자료 출처: 설문지 조사 결과 필자 정리

<그림 4-15> 재중 한국인 커뮤니티 구성원 간 관계 (단위: %)

"현재 사는 지역의 한국인 사회는 구성원들 간의 신뢰수준이 높은가"에 대한 질문에 '보통(53%), 대체로 그런 편이다(23.4%), 대체로 아닌 편이다(16.9%)' 순으로 나타나, 재중 한국인 커뮤니티 구성원 간의 신뢰수준이 비교적 높다는 것을 확인할 수 있었다. 성별로 다소 차이가 나타났으며, 학력 수준이 낮을수록 학력 수준이 높은 사람보다 대체로 구성원 간의 신뢰수준이 높다고 선택하는 경향이 강했다.

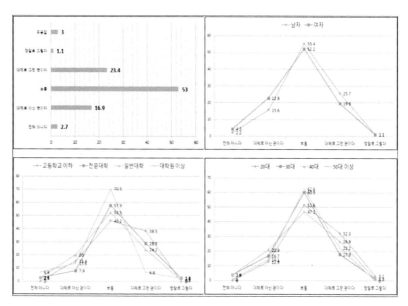

자료 출처: 설문지 조사 결과 필자 정리

<그림 4-16> 재중 한국인 커뮤니티 신뢰수준 (단위: %)

"현재 사는 지역의 한국인 사회는 중국 사회와 융화를 잘 하는가"에 대한 질문에 '보통(54%), 대체로 그런 편이다(17.7%), 대체로 아닌 편이다(21.5%)' 순으로 나타나 중국 사회와 융화 정도가 다소 긍정적인 경향을 보였다. 성별로 살펴보면 거의 차이가 나타나지 않았다. 학력 수준이 낮을수록 학력 수준이 높은 사람보다 중국 사회와 융화를 잘 하는 성향이 강했다. 연령대별로 살펴보면 20대와 50대 이상이 30대와 40대보다 상대적으로 중국 사회와 융화를 잘 하는 것으로 선택했다.

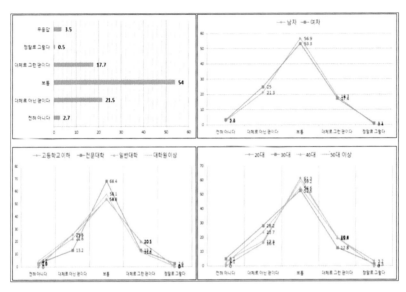

자료 출처: 설문지 조사 결과 필자 정리

<그림 4-17> 재중 한국인 사회와 중국사회의 융합 정도 (단위: %)

　　"현재 사는 지역의 한국인 사회는 중국 사회에서 고립된 섬처럼 존재하는가"의 질문에 '대체로 아닌 편이다(37.1%), 보통(35.2%), 전혀 아니다(14%), 대체로 그런 편이다(9.7%)' 순으로 나타나, 고립된 섬으로 존재하는 것이 아니라 중국 사회와 활발히 교류하고 있는 것으로 나타났다. 성별로 다소 차이가 나타나고 있으며, 고등학교 이하, 전문 대학이 중국 사회와 융화 정도가 매우 긍정적인 경향을 보인다고 선택했고, 일반대학과 대학원 이상은 다소 중립적인 선택을 했다. 성별, 학력별 차이가 존재하긴 하나 전체적으로 볼 때, 상술한 중국 사회와의 융화 정도가 다소 긍정적인 경향을 보인다는 결과와 부합된다. 사회문화적으로는 중국 사회와 잘 융화되고 있다는 것을 확인할 수 있다.

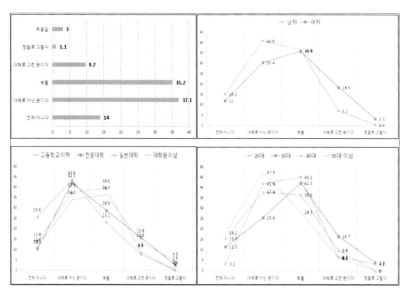

자료 출처: 설문지 조사 결과 필자 정리

<그림 4-18> 재중 한국인 커뮤니티 고립 정도 (단위: %)

"현재 사는 지역의 한국인 사회에서 나는 한국인 공동체의 중심에 있는가"에 대한 질문에 '보통(42.2%), 대체로 아닌 편이다(23.1%), 대체로 그런 편이다(15.6%), 전혀 아니다(11%)' 순으로 나타나 한국인 공동체의 중심에 있지 않다고 선택하는 경향이 다소 강했다. 남성이 여성보다 공동체 중심에 있는 것으로 선택하는 경향이 강했으며, 연령대가 높을수록 특히 50대 이상이 다른 연령대에 비해 공동체 중심에 있음이 매우 명확하게 나타났다. 전체적으로는 한국인 공동체에서의 지위와 역할을 비교적 소극적으로 생각하고 있음을 확인할 수 있다.

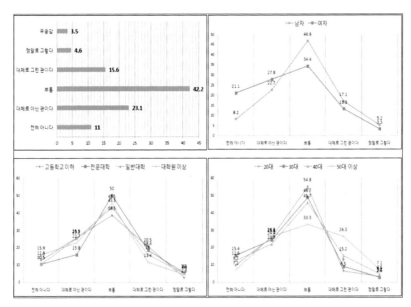

자료 출처: 설문지 조사 결과 필자 정리

<그림 4-19> 나는 한국인 공동체 중심에 있는가? (단위: %)

"현재 사는 지역의 한국인 사회에서 나는 한국인 공동체의 주변에 있는가"에 대한 질문에 '보통(43%), 대체로 그런 편이다(21.2%), 대체로 아닌 편이다(19.6%), 전혀 아니다(8.9%)' 순으로 나타나, 한국인 공동체의 주변에 있다고 선택하는 경향이 다소 강했다. 앞의 질문항목인 "한국인 공동체의 중심에 있지 않다"의 선택 비중이 높은 결과와 "한국인 공동체의 주변에 있다"를 선택하는 비중이 높은 결과는 서로 부합하는 결과이다. 즉, 해당 지역의 한국인 공동체에서 비교적 적극적이고 중심적 위치와 역할을 하는 재중 한국인은 아직 소수에 불과하다는 것을 확인할 수 있다. 한국인 커뮤니티가 더욱더 활성화되기 위해서는 적극적으로 공동체의 중심에 서서 활동하는 재중 한국인이 늘어나야 할 것이다.

제3절 민족 관계로 보는 재중 한국인의
초국가주의 실천

　교통과 통신 수단의 발달에 따른 전 지구화의 진척과 더불어 재중 한국인의 초국가적 활동은 더욱 활발하게 나타날 것이고 중국 현지와의 연계는 물론 모국인 한국과의 연계도 갈수록 강화될 것이다.

　따라서 재중 한국인의 사회적 차원의 초국가주의적 생활 경험은 그들의 가족, 친척, 친구와 같은 동일 민족과의 연계는 물론 다른 민족, 다른 국적을 가진 사람들과의 다양한 연계에 바탕을 두게 된다.

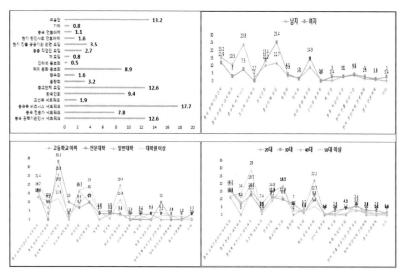

자료 출처: 설문지 조사 결과 필자 정리

<그림 4-20> 중국 생활에 역점을 둔 사회관계 유형 (단위: %)

재중 한국인이 현지생활에서 역점을 두고 있는 사회관계 유형을 살펴보면, 현지 중국인과의 비즈니스 연계를 포함해서 조선족 네트워크, 재중 한국인과 취미, 동호회, 동창회 등의 모임으로 다양한 연계를 형성하고 있음을 알 수 있다. 또한, 이들은 성별, 연령대별, 학력별로 각기 서로 다른 연계를 형성하고 있음을 알 수 있다.

1. 한국과의 연계 정도

가. 재중 한국인의 한국방문

한국방문은 그들의 정체성을 유지해주는 아주 직접적이고 실질적인 행동이다. 물론 현지생활 여건이 허락지 않아 한국을 자주 방문하지 못

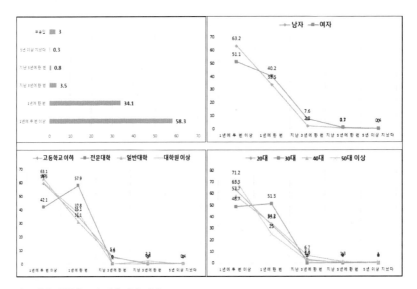

자료 출처: 설문지 조사 결과 필자 정리

<그림 4-21> 재중 한국인 한국방문 횟수 (단위: %)

하는 경우도 많지만, 한국을 방문하게 되면 조상과 친지를 찾으며 자녀들의 정체성을 유지해 준다. 재중 한국인이 한국을 정기적으로 방문하는 이유 중 하나는 친인척과 친구들의 존재이다. 과거 이들과의 사이에 형성되었던 공동의 기억들은 이들을 한층 더 가깝게 묶어 준다.

재중 한국인이 얼마나 자주 한국에 가는지를 살펴보면, '1년에 두 번 이상(58.3%), 1년에 한 번(34.1%), 지난 3년간 한 번(3.5%)' 순으로 나타났다.

성별로는 크게 차이가 없었고, 학력별로는 전문대학이 1년에 한 번으로 타 학력보다 비율이 높게 나타났다. 연령대별로 살펴보면, 30대가 타 연령대보다 1년에 한 번의 비중이 높게 나타났다. 전체적으로 한국과의 연계를 비교적 자주(1년에 한 번 이상) 하는 것으로 파악된다.

나. 재중 한국인의 한국과의 온라인 연결

거주국에서 모국의 방송이나 신문, 인터넷 등 미디어의 상용화는 모국 문화의 재생산과 모국 문화로의 접근성을 용이하게 하는 데 있어 큰 역할을 한다. 재중 한국인들은 통상적으로 집에 인터넷을 설치 연결하고 있었다. 본 조사에서 95.4%의 이주자가 인터넷 연결이 가능하다고 답했다. 그들의 일주일 인터넷 사용횟수를 살펴보면, 80.1%의 이주자가 매일 이용하는 것으로 나타났다.

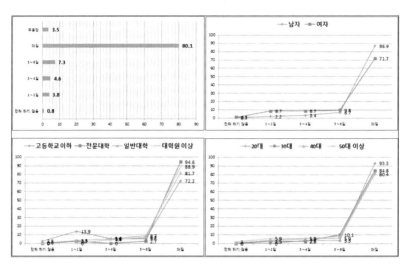

자료 출처: 설문지 조사 결과 필자 정리

<그림 4-22> 재중 한국인 일주일 인터넷 이용 횟수 (단위: %)

성별로는 남성이 여성보다 사용횟수가 다소 높게 나타났고, 학력별로는 고등학교 이하 사용횟수가 타 연령대에 비해 다소 낮게 나타났고, 연령대별로는 20, 30대가 타 연령대에 비해 다소 높게 나타났다. 전체적으로 볼 때, 재중 한국인들의 인터넷 이용은 매우 보편적인 것을 알 수 있다.

이들이 인터넷을 사용하는 이유는 '자료·정보 획득(79%), 이메일(76.6%), 영화·게임 등 여가활동(44.6%), 인터넷 뱅킹(35.5%), 인터넷 전화(27.4%), 동호회·커뮤니티 활동(21.2%), 채팅(16.4%)' 순으로 나타났다.

종합하면 재중 한국인들은 매우 보편적으로 인터넷을 이용하고 있으며, 인터넷을 통해 한국 및 현 거주지의 각종 소식과 정보를 획득함으로써 그들만의 초국가적 활동 영역을 더욱 강화하고 있음을 확인할 수 있다. 또한, 인터넷을 통해서 한국의 소식을 항상 접하게 되고 한국 정체성을 계속 유지할 수 있게 된다.

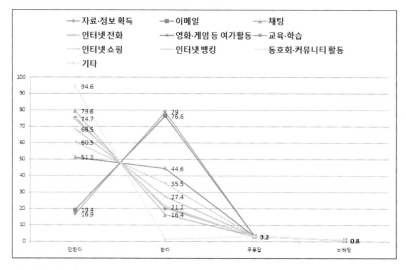

자료 출처: 설문지 조사 결과 필자 정리

<그림 4-23> 재중 한국인 인터넷 사용 이유 (단위: %)

특히 요즘은 카카오톡, 위챗과 같은 SNS를 통해서 언제든지 전화통화를 할 수 있어서 마치 한국에 있는 것과 마찬가지로 친지나 친구들과 안부를 전하고 묻곤 한다. 이를 통해서 한국과 중국을 연결하는 그들만의 초국가주의적 커뮤니티를 구축하고 있다. 또한, 온라인 커뮤니티는 이들의 초국가주의적 사회공간을 창출하는 데 지대한 역할을 하고 있다. 전 세계 각국에 진출해 있는 한국 기업인 가정이 지역별, 국가별로 분류되어 최근의 이슈와 각종 생활 정보를 올리고 있으며 특정 주제에

대한 설문조사 및 토론도 이 공간에서 빈번하게 이루어지고 있다.

2. 재중 한국인과 타민족 간 관계

재중 한국인의 친구 민족분포를 살펴보면, 한국인이 가장 많은 분포를 보이고, 그다음으로 한족, 조선족 순으로 나타났다. 아래 <그림 4-24>에 나타나지 않았지만, 북한인을 포함한 기타 소수민족은 거의 없는 것으로 조사되었다.

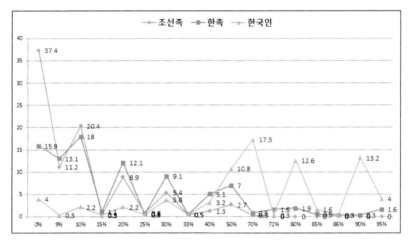

자료 출처: 설문지 조사 결과 필자 정리

<그림 4-24> 재중 한국인 친구 민족분포도 (단위: %)

가. 재중 한국인과 한족 관계

아래 <그림 4-25>에서는 한국인과 한족과의 관계를 살펴보았다. 이에 대한 질문에 '대체로 좋은 편이다(48.7%), 보통(43%), 매우 좋다(4%), 대체로 나쁜 편이다(1.9%)' 순으로 나타나 한국인과 한족 간 관계가 상당히 좋은 것으로 나타났다. 남성이 여성보다, 연령대가 높을수록 한족과의 관계가 대체로 좋은 편인 것으로 나타났다.

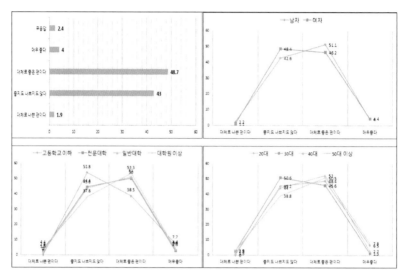

자료 출처: 설문지 조사 결과 필자 정리

<그림 4-25> 재중 한국인과 한족 관계 (단위: %)

나. 재중 한국인과 조선족 관계

재중 한국인과 조선족 간의 관계를 살펴보면 '보통(53.8%), 대체로 좋은 편이다(27.7%), 대체로 나쁜 편이다(13.7%), 매우 좋다(1.6%)' 순으로 나타나 한국인과 조선족 관계가 그다지 나쁘지 않은 것으로 나타났다. 그러나 한족과의 관계가 '대체로 좋은 편이다'로 선택한 응답자가 48.7%를 차지한 것과 비교해 보면, 동일 민족인 조선족과의 관계보다 오히려 이민족異民族인 한족漢族과의 관계가 더욱 좋은 것으로 나타났다.

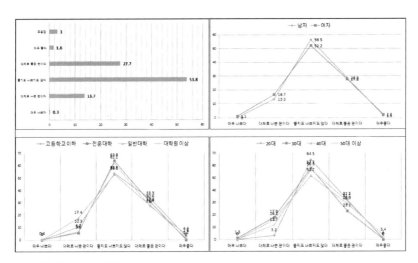

자료 출처: 설문지 조사 결과 필자 정리

<그림 4-26> 재중 한국인과 조선족 관계 (단위: %)

다. 재중 한국인이 평가한 조선족과 한족 관계

재중 한국인에게 조선족과 한족 관계를 어떻게 바라보고 있는지를 설문 조사했다. 그 결과 '보통(57.8%), 대체로 좋은 편이다(17.5%), 대체로 나쁜 편이다(17.2%), 매우 나쁘다(2.2%)' 순으로 나타나 조선족과 한족과의 관계가 좋지도 나쁘지도 않은 그저 그런 관계로 판단하고 있다는 것을 확인할 수 있다.

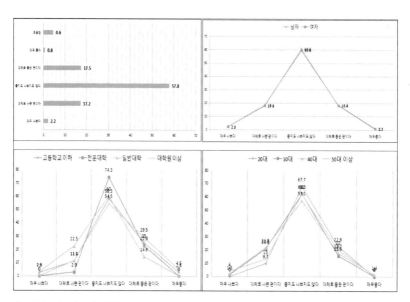

자료 출처: 설문지 조사 결과 필자 정리

<그림 4-27> 조선족과 한족 관계 (단위: %)

　　재중 한국인과 타민족 간의 관계를 종합하면, 두 가지 비교적 특이한 점을 지적할 수 있다. 우선 재중 한국인의 친구 민족분포를 살펴보면, 한국인이 가장 많은 분포를 보이고, 그다음으로 한족, 조선족의 순으로 나타났다. 이는 같은 민족인 조선족보다 다른 민족인 한족과의 관계가 더욱 밀접하다는 것을 의미한다. 재중 한국인과 조선족과의 관계, 재중 한국인과 한족과의 관계를 묻는 질문에서도 동일한 결과가 나왔다. 같은 민족인 조선족과의 관계보다 이민족인 한족과의 관계가 더욱 좋은 것으로 나타난 것이다.

　　물론 경제적 목적으로 중국에 이주한 한국인이 다수를 차지하기 때문에 현지사회에서 한족이 갖는 영향력을 고려하여 더욱 적극적으로 한족과의 관계를 좋게 형성하고자 했던 결과로 해석될 수는 있다. 하지만 이러한 결과가 나온 배경과 원인에 관해서는 더욱 신중하고 구체적인 분석이 필요할 것이다. 아래 초국가주의 관점으로 관련 내용을 분석하고자 한다.

3. 사회적 거리감과 민족 관계 만족도

사회적 관계의 다양한 측면을 효과적으로 설명할 수 있는 개념으로 쓰이는 사회적 거리감이란 사람들 사이에 존재하는 공감적 이해의 상이한 정도를 의미한다. 즉, 개인이 특정 집단이나 특정계층의 구성원에게 가진 주관적인 판단과 느낌을 의미한다(Bogardus, 1933; 백권호 외, 2010).

재중 한국인의 타민족 간 사회적 거리감을 측정한 연구결과를 종합해 보면, 재중 한국인들은 특이하게도 같은 민족인 조선족보다 중국인(한족)과 더욱 밀접한 관계를 맺고 있다. 각 민족 집단에 대한 호감, 친근감, 만족도 등을 비교해 볼 때, 재중 한국인들은 '재중 한국인', '중국인(한족)', 그다음 '조선족'의 순서로 호감과 친근감, 만족도의 차이를 보여준다(백권호 외, 2010). 이러한 연구결과는 조선족과 재중 한국인 간 관계 연구 등을 통해서도 실증적으로 검증된 바 있다(朴盛鎮, 2010; 이윤경 외, 2013).

본 연구에서도 재중 한국인으로서 한족과의 관계가 조선족과의 관계보다 훨씬 긍정적인 것으로 나타나고 있다. 아래 <그림 4-28> 한국인과 한족 관계, 한국인과 조선족 관계 구도를 각각 비교해서 살펴보면, '좋지도 나쁘지도 않다'와 '대체로 나쁜 편이다' 항목에서 동일 민족인 한국인과 조선족 관계가 상이한 국적과 민족인 한국인과 한족 관계보다 높은 비중으로 나타났다. 반면, '대체로 좋은 편이다'와 '매우 좋다'라는 항목에서는 한국인과 한족 관계가 한국인과 조선족 관계보다 훨씬 높은 비중으로 나타났다. 결과적으로 한국인과 한족 관계가 한국인과 조선족 관계보다 훨씬 더 긍정적인 관계를 형성하고 있음을 알 수 있다.

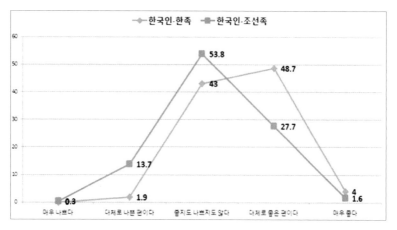

자료 출처: 설문지 조사 결과 필자 정리

<그림 4-28> 재중 한국인·한족·조선족의 집단 간 친밀도 (단위: %)

재중 한국기업이 한족과의 관계를 가장 중요시하는 이유는 민족 감성에 의존한 관계인 조선족보다 현지 네트워크를 가진 한족과의 관계를 더욱 중요시하기 때문으로 판단된다. 따라서 같은 민족인 조선족과의 관계는 상대적으로 소홀할 수밖에 없다고 추론할 수 있다.

쉴러와 그녀의 동료들이 제기한 '코스모폴리탄적 사회성(cosmopolitan sociability)'의 발현, 즉 에스닉 연계를 유지하면서 현재 지역에 기반을 둔 행위들 속에서 이주자의 다양한 사회성이 출현하는 것이다(Schiller, 2008; Schiller et.al, 2011).

이러한 초국가주의적 실천은 자녀의 결혼 상대를 조사한 결과에서도 일정 정도 나타나고 있다. 재중 한국인은 그들 자녀의 결혼 상대로 같은 국가와 민족인 한국인을 가장 많이 선택했고(87.1%), 그다음으로 한족(5.1%), 기타 외국인(3%), 조선족(0.3%)의 순으로 선택했다. 성별 간 차이는 거의 없었다.

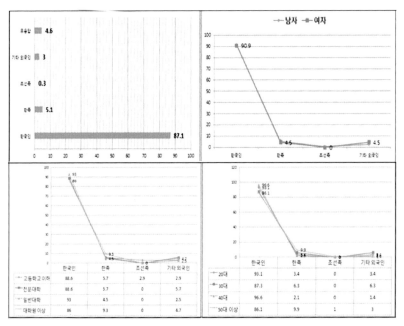

자료 출처: 설문지 조사 결과 필자 정리

<그림 4-29> 재중 한국인 자녀의 결혼 상대자 민족 (단위: %)

반면 학력별, 연령대별로 살펴보면 다소 차이가 난다는 것을 알 수 있다. 한국인을 선택하는 비중이 여전히 높지만, 고학력일수록 한족 배우자를 선호하는 성향도 갖고 있다는 것을 알 수 있다. 대학원 이상의 경우 타 학력보다 한국인을 선택하는 성향이 다소 약하지만, 한족을 선

택하는 경향은 9.3%로 가장 높게 나타났고, 특히 조선족을 선택하는 비중이 0%인 것과는 아주 대조적이다. 연령대별 역시 이 같은 경향을 보여주었다. 50대 이상은 타 연령대보다 한국인을 선택하는 비중이 가장 낮았고, 한족을 선택하는 비중은 9.9%로 가장 높았다. 50대 이상 연령대의 직종이 대부분 임직원, 관리자인 것을 고려해 볼 때 현지에서의 경제적 성공을 위해서 한족과의 관계를 보다 중요시한다는 것으로 추론할 수 있다.

제4절 재중 한국인 자녀교육에서의 초국가주의 선택[64]

자녀교육 선택 역시 한국과 중국 사이를 오가는 초국가주의 실천을 가늠하는 매우 중요한 주제이다. 재중 한국인들은 초국가주의 공간 속에서 각각의 이주 목적과 체류 기간별로 거주공간과 자녀 교육방식의 차이를 보인다. 초국가적 환경 속에서 그들의 교육 선택은 정해진 것이 아닌 다원화되고 유동적인 성격을 보여주고 있다. 개인적 경제력, 경험, 직업 현황 등의 개인적 영향에 의해 자녀들의 교육 또한 다양화되고 있다. 중국학교를 통한 현지화 교육, 한국학교의 한국 정체성 교육, 그리고 국제학교를 통한 국제화 교육, 그리고 중국학교의 국제부를 통해, 다원적이고 초국가적인 교육을 실천하고 있다. 물론 국민교육, 현지화 교육, 국제화 교육 중 어느 유형을 선택한 부모들도 자녀가 한국인이라는 정체성 교육에 대해서 거부하거나 소홀히 하는 경우는 거의 찾아볼

---

64) 본 내용은 예성호·김윤태, 「'초국가주의 역동성'으로 본 재중 한국인 자녀교육 선택에 대한 연구-상해지역을 중심으로-」, 『중국학연구』, 제68집, 중국학연구회, 2014, 337-363쪽의 논문을 수정 보완한 것이다.

수 없다.

본 연구는 이러한 재중 한국인들의 자녀교육에서 나타나는 초국가주의적 현상들을 분석해 보고자 한다. 이를 통해 초국가주의가 기존의 국가와 민족이라는 인식의 틀을 무시하는 것이 아니라 초국가적 이동행위를 하는 유연하고 역동적인 현상임을 파악하고자 한다.

1. 재중 한국인 자녀교육 선택 유형

재중 한국인 자녀가 현재 어떤 유형의 학교에 재학 중인지 설문조사를 진행했다. 학령기 자녀가 없거나 학교에 다니지 않는 경우를 제외하면, '중국의 한국학교(13.4%), 중국의 국제학교(12.4%), 중국의 현지 학교(11.8%)' 순으로 나타났다. 유형별 큰 차이 없이 고르게 분포되어 있음을 알 수 있다. 성별로 살펴보면 중국의 현지 학교 유형에서 남성이 여성보다 8% 낮게 나타나는 것을 제외하면 크게 차이가 없다.

하지만 부모의 학력별, 연령대별 자녀학교선택 유형은 뚜렷하게 차이가 난다. 우선 고등학교 학력 이하 부모의 경우, 자녀를 '중국현지학교(36.8%), 국제학교(26.3%), 한국학교(21.1%)' 순으로 보내는 것으로 나타났다. 부모 학력이 전문대학인 경우, '한국학교(54.5%), 중국현지학교(36.4%), 국제학교(9.1%)' 순으로 나타났다. 부모의 학력이 일반대학인 경우, '한국학교(36.8%), 국제학교(31.6%), 중국현지학교(27.4%)' 순으로 나타났다. 대학원 이상 학력을 가진 부모의 경우, 자녀를 '국제학교(45.5%), 중국현지학교(31.8%), 한국학교(22.7%)' 순으로 보내는 것으로 나타났다.

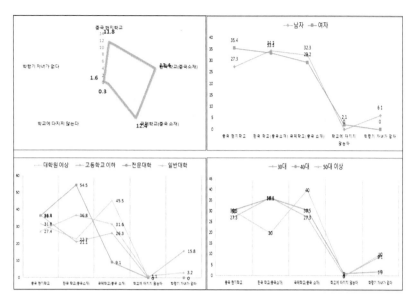

자료 출처: 설문지 조사 결과 필자 정리

<그림 4-30> 재중 한국인의 자녀교육 선택 (단위: %)

중국현지학교는 고등학교 이하와 전문대학 학력을 가진 부모의 자녀가 가장 많은 비중을 차지하고, 한국학교는 전문대학과 일반대학 학력을 가진 부모의 자녀가 가장 많은 비중을 차지하고 있으며, 국제학교는 대학원 이상과 일반대학 학력을 가진 부모의 자녀가 가장 많이 차지했다. 이는 학력이 높은 부모일수록 자녀의 학교로 '국제학교 > 한국학교 > 현지 학교'의 순으로 선택함을 알 수 있다. 비교적 특이한 점은 일반대학 학력을 가진 부모의 자녀는 '한국학교(36.8%), 국제학교(31.6%), 중국현지학교(27.4%)'의 세 가지 유형을 비교적 고르게 선택하고 있다는 점이다.

부모의 연령대별 학교선택 유형을 살펴보면, 3~40대의 경우 한국학교를 가장 많이 선택했지만, 50대의 경우 '국제학교(45.5%), 중국현지학교(31.8%), 한국학교(22.7%)'의 순으로 자녀학교를 선택하여 3~40대와는 달리 국제학교를 선택한 비중이 월등히 높았다. 이는 50대 이상의 재중 한국인의 경우 기업의 임직원이나 관리자 계층으로 상대적으로 높은 경제적 수준과 국제화 의식 정도를 가지고 있을 것이며, 이러한 경제사회적 지위가 자녀의 학교선택에 영향을 미쳤을 것으로 판단된다.

한편 자녀의 학교를 중국현지학교로 선택한 부모가 한국학교를 선택한 부모보다 10% 많게 나타났는데, 이는 중국에서의 사업을 통해 현지화의 중요성을 높게 인식하게 되었고 이것이 자녀교육 선택에 영향을 미친 것으로 추론할 수 있다.

다음은 재중 한국인의 자녀교육 선택이 구체적으로 어떠한 원인에 의한 것인지를 관련 기사에 대한 내용분석을 통해 살펴본 것이다.

2. 재중 한국인 자녀교육 선택 원인분석

이 부분의 분석은 상하이 한국교민신문 '상하이 저널'에 실린 재중 한국인 부모들의 자녀교육 경험담에 관한 20편의 언론기사들에 대한 질적 내용분석을 통해 도출한 것이다. 이를 위한 연구방법으로 질적 내용분석에 많이 사용되고 있는 근거이론 방법의 선택적 코딩법을 사용했다. 이는 문헌 자료 내에서 규명된 다양한 개념들을 포괄하고 설명할 수 있는 핵심적인 개념을 규명하고 코딩해 내는 방법이다(Babbie, 2007). 현재 한인타운을 포함한 상하이지역의 재중 한국인 자녀교육 환경은 크게 영미계 국제학교, 한국학교, 중국학교, 중국학교의 국제부 등으로 다원화되어 있다. 유형별 학교선택의 과정과 그 원인을 초국가주의 각도에서 분석하고자 한다.

가. 한국학교 선택 – 한국 정체성: '외국 아이'가 아닌 '한국 아이'로

현재는 두 자녀 모두 한국 명문대에 재학 중인 K-1 씨의 경우, 상하이에서 자녀의 학교를 선택할 당시 국제학교나 중국학교로 보내고자 했지만, 오랫동안 세계 각국에서 주재원 생활을 하며 자녀를 교육했던 주위 사람들의 강력한 권유로 두 자녀 모두 초중고 12년을 상하이의 한국학교에서 교육했다. 주위 사람들의 다음과 같은 조언과 충고는 아직도 기억에 생생하다고 했다.

> "자녀들이 한국교육과정을 받지 않으면 겉모습만 한국인일 뿐 한국인이 아니다. 공부는 모르겠지만 한국인으로서의 부모, 자식 간에 가지는 동질감이 없어 서로 이해할 수 없는 상황까지 올 수 있다. 외국 교육체계를 받은 아이는 결국 외국 아이가 된다."(K-1 술회)[65]

이들의 한국학교 선택에 있어 가장 중요한 이유가 바로 해외 생활을 하며 겪을 '정체성 혼란'이었다. 이러한 정체성 혼란은 부모들도 겪는 문제이다. 영어유치원을 보냈던 K-2 씨는 자녀가 아무런 두려움 없이 영어를 자연스럽게 받아들이는 모습에 흐뭇했지만, 어느 순간 중국에서 생활하는 자신들(한국인) 부모 밑에서 영어가 자연스러워지는 아이의 모습을 보면서 매우 혼란스러웠다고 했다. 태어나며 줄곧 해외에서 성장한 자녀가 향후 겪게 될 정체성의 혼란을 조금이나마 줄이고자 결국 한국학교를 선택하게 되었다고 한다.

> "한국인으로서 확고한 정체성을 확립하고 한국적인 정서와 인성교육

---

65) 이 부분의 인터뷰 내용은 관련 언론기사의 내용을 재구성하여 부여한 코드로, 본서에서 통일적으로 진행된 인터뷰노트 형식을 따르지 않고 고유의 코드를 부여했다.

을 바탕으로 외국어 공부도 게을리하지 않는다면 바람직하게 성장하는 데 부족함이 없을 것이다. 국제적 경험도 무시할 순 없지만, 훗날 아이의 선택에 맡겨보고 싶다."(K-2 술회)

해외에 살면서 한국교육을 받을 수 있다는 자체가 행운이라고 생각한다는 K-3 씨는 자녀가 사춘기를 한국학교에서 잘 보냈다고 했다.

"자칫 혼란에 빠질 수 있는 질풍노도의 시기에 상하이 한국학교에 다니며 선생님들과 친구들로부터 자신의 정체성을 형성하고 확립해 가는 모습이 참으로 감사했다."(K-3 술회)

한편, 국제학교에서 한국학교로 전학을 한 K-4 씨는 자녀를 중국유치원(산둥성에 있을 때 한국유치원이 없어서)과 한국유치원(상하이로 와서)을 보냈는데, 1년여 동안 고심 끝에 초등학교는 국제학교를 선택했다. 모국어는 집에서 엄마가 도와줄 수 있을 것으로 생각했고, 중국에 살고 있으니 중국어는 자연스럽게 배울 수 있을 것으로 생각해서 내린 결정이었다. 그런데 한국 책을 읽고도 정확히 그 뜻을 이해하지 못하는 자녀를 보면서 한국어 실력과 한국 정체성을 키우기 위해서 한국학교로 전학해야겠다는 고민을 하던 중, 마침 미국발 서브프라임으로 인한 세계 경제 위기가 닥치면서 경제적 문제도 함께 고려되어 결국 자녀를 한국학교로 전학시키게 되었다.

"국제학교에서 초등 4학년이 될 때까지 별다른 문제 없이 모든 것이 순조로웠다. 영어도 너무나 잘했고 모국어도 부족함이 없어 보였다. 4학년부터 조금씩 부족한 모국어가 눈에 보이기 시작했다. 한국 책을 읽어도 그 뜻을 온전히 이해하고 있지 못하는 것 같았다."(K-4 술회)

이처럼, 한국학교를 선택하는 부모들은 정확한 모국어 구사 능력이 바탕이 되어야 외국어를 잘 습득할 수 있다고 판단한다. 모국어를 통한 한국식 교육과정을 통해 한국 문화와 정서를 이해하고 표현능력, 이해능력, 사고능력 등을 향상해 오히려 영어, 중국어 등 외국어 실력을 향상하는데 지렛대 역할을 한다고 판단한다. 더 나아가 한국학교에서도 원어민 교사와 한국인 교사의 협동지도로 세계화, 국제화 교육을 강화하고 있어 학부모의 한국학교 선택에 힘을 실어주고 있다. 영어 주 6~7시간(초등), 9~11시간(중등), 중국어 주 5~8시간(초등), 7~8시간(중등) 수업을 하며 원어민 교사의 수업을 병행하고 있어, 한국어를 기초로 글로벌 인재에게 요구되는 언어능력을 키울 수 있도록 교육과정을 보완하고 있다.

나. 중국학교 선택: 로마에서는 로마법을 따르며 '중국통'으로

중국학교를 선택하는 부모는 다음과 같은 이유를 바탕으로 자녀의 학교를 선택한다. 우선, 중국의 미래를 낙관적으로 보고, 자녀가 장기적으로 체류할 것을 예상하며 이를 준비해야 한다고 판단한다. 중국 생활 15년 차를 맞이하는 C-1 씨는 대학에서 중국학을 전공했고, 1993년부터 중국 관련 사업을 시작했다. 급변하는 중국의 변화를 보며, 2000년 9월 중국말을 전혀 하지 못하는 아내와 두 아들을 데리고 상하이로 이주했다. 이러한 결정은 본인이 배운 지식과 경험이 중국에서는 전혀 통하지 않는다는 사실을 자각하게 되었고, 동시에 세계의 경제 중심이 뉴욕에서 상하이로 이동하고 있음을 인지한 결과이다.

"바야흐로 세계의 경제 헤게모니가 이동하면서 중국이 미국을 제치고 세계를 지배하게 되면, 동아시아의 주변국인 우리 한국의 운명은 어떻게 변할 것이며, 우리 자식들은 어떻게 대응을 해야 하는지를 심사

숙고하지 않을 수가 없었다. 결국, 나는 아들 둘을 고스란히 한국에서 중국으로 공간 이동시켜 이곳 상하이에서 뿌리를 내려야 되겠다는 다소 무리한 수를 결정하게 되었다. 중국통…중국 지역전문가로 키워야겠다는 욕심을 내게 되었다."(C-1 술회)

둘째, 중국에서 성공하기 위해서는 중국어의 숙달뿐만 아니라 현지 네트워크의 구축이 매우 중요하다는 판단 아래 현지인 네트워크에 편입될 수 있도록 중국학교에 보낸 경우이다. C-2 씨의 두 자녀는 중국 유치원을 거쳐 현재 둘 다 중국 초등학교에 재학 중이다. 그는 중국 생활 10년 차로 '중국에서 10년 이상 살아보지 않은 사람은 중국 흉을 볼 자격이 없다'라는 말을 하며 중국에 대해 긍정적인 사고를 하는 것이 중요하다고 판단한다. 따라서 자녀의 정체성 혼란을 염려하면서도 중국학교를 선택했다.

"중국이란 넓은 나라에서, 가장 세련되고 융통성을 가진 상하이에서 아이에게 로컬교육을 가르치는 것에 고민은 없다. 타국의 학생에게 '그들만의 리그'에 들어갈 수 있도록 문을 열어주는 중국학교를 스스로 찾는 게 중요할 뿐."(C-2 술회)

셋째, 현지문화에 대한 이해와 현지인 네트워크를 갖출 수 있는 학교를 선택해야 한다고 판단한 경우이다. 한국에서 초등학교를 졸업한 후 중국학교에서 중·고등학교를 다니고 현재 푸단대復旦大에 재학 중인 자녀를 둔 C-3 씨는 '로마에서는 로마법을 따르라'라는 말을 하며 중국에 와서 중국 교육을 받게 하는 것은 고민할 필요도 없는 것이라고 한다. 중국학교의 가장 큰 매력은 중국 아이들과의 문화적인 코드의 공유라고 판단한다.

"학교에서 중국 아이들과의 지속적인 교류와 함께 한국에서는 돈 주고 배울 수 없는 현지 교육 시스템을 직접 느끼고, 지금까지도 다른 유학생들보다 중국인들과 문화적인 유대감을 느낀다는 게 큰 장점이다. 우리 아이는 지금도 중국의 중학교 동창들과 동문회에 유일한 한국인으로 껴 있다.", "외국인이라며 멀리하던 중국 급우들이 같이 한솥밥을 먹으면서 친구로 받아들이고 큰아들 역시 자연스럽게 중국 음식을 즐기면서 그들과의 소통이 한층 수월해졌다."(C-3 술회)

중국학교를 보낸 부모들이 한결같이 중국학교만을 고집하는 것은 아니다. 이들은 공통으로 중국어와 중국문화, 중국 현지 네트워크의 중요성을 인지하면서도 정체성 혼란을 우려하고 있다. 따라서 중국학교를 보내면서도 한국학교의 주말 반에 보내는 등 한국인의 정체성 유지를 고민하고 있기도 하다. C-3 씨는 자녀의 한국어 교육을 위해 한국학교의 주말 반에 보낼 수 있어 그나마 다행이었지만, 중국대학에 진학한 자녀의 한국어에 대한 아쉬움은 아직 크다고 한다. 중국 교육을 받는 자녀의 정체성 혼란을 염려하는 것이다.

가정에서 받는 한국어 교육의 한계가 있고 한국학교 생활 경험이 없는 아쉬움이 있지만, 누구나 탐내는 글로벌 도시 상하이에서 한국학교만을 고집할 필요가 없다고 판단하고 무한한 가능성을 지닌 자녀에게 중국 교육을 받게 하기로 한 것이다.

"중국어가 조금은 자유로워서인지 중국 생활도 즐기고, 중국 가족들과 어울리는 걸 아이들이 모두 좋아한다. 발음이나 성조가 부족하면 부족한 대로, 좋으면 좋은 대로 이곳에서의 삶을 즐기며 살아가는 아이들의 미소 속에 나의 중국에서의 시간이 녹아 있음을 본다. 어찌 보면 너무도 당연하지만, 현지 학교생활에 도전하고 중국에서 한국인으로 예쁘게 커 가는 아이들에게 고맙고 또 고맙다. 이 또한 도전

이면서 기회가 되리라 믿으며…"(C-3, C-6 술회)

다. 영미계 국제학교 선택: 자유와 선택 속의 '다양성'과 '자립심'

국제학교를 선택하는 경우는 대부분 영미계 국제학교의 자율성, 다양성, 창의성에 주목한다. 자녀 둘을 모두 국제학교에 보내고 있는 I-1 씨는 개인의 선택이 가장 우선시되는 국제학교의 자율성, 다양성에 매우 만족해했다. 주인의식을 가지고 자유로운 분위기 속에서 개개인이 선택할 수 있는 교육이 바람직하다고 판단한 것이다.

한편 국제학교의 창의적 환경에 주목한 경우도 있다. 언제 다시 한국으로 돌아갈지 모르는 상태에서 모국어가 완벽해야 한다는 생각에 한국학교를 선택했던 I-4 씨는 자녀가 초등 4학년 1학기 때 상하이 국제학교인 SCIS로 옮기게 됐다. 가장 큰 이유는 어릴 때부터 미술을 좋아하고 남다른 소질을 가진 딸에게 좀 더 다양하고 창의적인 환경을 접하게 해주기 위해서였다. 처음에는 자율성을 앞세워 아이들을 방치하는 것은 아닌지 좀 불안하기도 했다고 한다. 하지만 아이는 점차 국제학교가 가진 장점 중의 하나인 자율성에 맞춰 사고는 유연해지고, 또 그에 따른 책임감도 강해졌다고 밝혔다.

국제학교를 선택한 배경에는 중국학교의 역사교육에 대한 반감도 요인으로 작용한다. 두 자녀 모두 중국 초등학교를 보낸 I-2 씨는 중국어, 영어 모두 잘할 수 없을 것 같아 중국어에 방점을 두고 현지 중국학교에 보냈으나, 중국학교에서 배우는 역사 인식에 문제가 있음을 발견하면서 영국국제학교(BISS)로 옮겼다.

한국학교나 중국학교의 경우 다양성과 자율성 교육이 미흡하고 왕따 문제와 치맛바람의 문제를 피할 수 없다고 판단하고, 독립성과 협동심을 배울 수 있는 국제학교를 선택한 경우도 보인다. 경제적 형편이 충분하지 않음에도 국제학교를 선택한 C-3 씨는 자유 속에서 주체적으로 사고하고 행동하며 적극적이고 자신감 있는 학생을 배양하는 교육환경에 주목했다.

"가끔은 영어도, 중국어도, 한국어도 어느 것 하나 특출나게 잘하지 못하는 건 아닌지 걱정할 때도 있지만, 학교에서 배우는 것은 언어만이 아니라 여긴다. 지금 딸아이의 긍정적인 모습들, 학교선택이 아닌 아이의 특성으로 발현되는 모습이라는 생각도 든다."(C-3 술회)

이상의 재중 한국인 자녀교육 선택의 요인과 배경을 분석해 보면, 이들의 학교선택이 한 유형의 학교에 고정되는 것이 아니라 유치원, 초중고, 그리고 대학교 선택과정에서 계속해서 유동적으로 변한다는 점을 알 수 있다.

<표 4-3> 상하이거주 한국인의 자녀학교 선택 패턴과 원인

	선택 원인	전학 원인
한국학교(K)	- 민족 정체성 - 영어, 중국어 과정이 강화되는 추세	- 한국의 주입식, 치맛바람에 대한 반감 - 국제도시 상하이에서 한국교육?
국제학교(I)	- 창의성, 국제화 - 모어와 정체성은 주말학교 활용	- 언어와 민족 정체성 - 한국대학 입시
중국학교(C)	- 중국통(중국지역전문가) - 모어와 정체성은 주말학교 활용	- 언어와 민족 정체성 - 중국의 역사 인식과 사상교육

자료 출처: 필자 작성

재중 한국인의 자녀교육 선택과정을 종합해 보면, 교육현장에서의 초국가주의 교육실천이 이미 출현하고 있음을 확인할 수 있었다. 즉 교육 수요자인 학생들 개개인의 적성, 능력, 흥미, 장래 진로에 따른 개인화된 수요에 맞추어 공급자인 학교는 새로운 영역과 내용을 설정함으로써 학습자 중심의 다양한 교육과정을 운영하고 있음을 확인할 수 있다.

동시에 다양한 교육 모델의 교육과정이 상호 융합되고 있음도 확인할 수 있다. 한국학교의 중국어, 영어 등 외국어 교육 심화 과정 강화, 국제학교의 한국주말학교 교육, 로컬학교 국제부에서의 한국어 교육 등 상이한 교육방식 내에서 교육과정이 점차 융합되고 있다.

국민교육, 현지화 교육, 국제화 교육 어느 유형을 선택한 부모들도 한국인이라는 정체성 교육에 대해서는 동감하고 있다. 한국 민족이라는 민족국가 구성원의 재생산이 진행되고 있다. 이러한 것은 상당수 부모가 한국대학 진학을 염두에 둔다는 점에서도 확인된다. 심지어 국제학교를 다니는 학생들의 부모도 마찬가지이다. 그들은 재외국민특별전형을 위해 한인타운 내 유학원이나 학원 등에서 열리는 입시설명회에 적극적으로 참여하고 있다. 상하이 한인타운의 서울 강남과 연계된 학원들, 유명 중국어학원 상하이분점과 같은 한국적인 시스템으로 운영되는 학원들이 많은 인기를 끌고 있는 이유는 부모들이 한국대학 입시와 진학을 목표로 하기 때문이다.

동시에 모든 부모에게서 공통으로 발견되는 점은 자녀들을 한국인으로서의 확고한 정체성을 바탕으로 중국어, 영어 그리고 그 해당 문화를 습득한 글로벌화 인재로 양성하는 데 동의한다. 그들은 자신들의 자녀를 국제화된 경제력 있는 인재로 육성시키고자 하는 것이다. 이를 위해 자신들의 인적자본, 경제자본, 사회자본을 동원하여 국제학교, 중국학교, 중국학교 국제부 등의 다양한 전략을 취하고 있다. 민족적 네트워크의 영향을 기반으로 개인적 경제력, 경험, 직업 현황 등의 개인적 영향에 의해 자녀들의 교육이 다양해지게 된다.

3. 초국가주의적 선택의 함의

한국인의 중국 이동과 그 과정에서 형성된 중국 현지의 초국적 사회 공간(사회문화적 네트워크) 속에서 재중 한국인 자녀교육 선택 유형을 초국가주의 역동성으로 분석했다. 상하이의 재중 한국인 집단거주지에 형성된 교육환경은 초국가주의적인 성격을 띠고 있다. 그들은 중국과 한국을 잇는 활동 속에서 상당 부분 한국 사회의 기준에 맞춰서 삶의 기준을 한국(혹은 특정 지역)에 두면서 한국적인 것을 재현하고 있다. 이런 측면에서 현지사회의 적응보다는 그들이 가진 초국가적 사회공간 속에서 형성된 초국가주의적 교육환경을 자원화하고 있음이 발견되었다(장남혁, 2012).

'한국에 있는 것은 다 있고, 한국에 없는 것도 다 있다'라는 말처럼 재중 한국인의 '한국식'으로 해석된 '글로벌적 생존 전략'이라는 실천행위 배경에는 지구적, 국가적, 지역적 차원에서 일어나는 일들이 상호작용하는 가운데 재구성되고 있는 것이다(구지영, 2011). 초국가주의는 이민이 한 장소(국가)에서 다른 장소(국가)로 이동해 그곳에 동화되거나 배제되는 것이 아니라, 스스로가 양자를 잇는 사회공간을 형성한다는 의미에서 행위자의 주체성을 강조하는 것으로 평가될 수 있다.

재중 한국인들의 생활은 한국 민족이라는 민족 정체성에 의해 형성된 초국가주의적 공간 속에서 한국과 중국에서의 생활을 동시에 향유하는 트랜스 로컬리티의 특성을 보인다. 동시에, 그들은 민족과 국가 단위로 동질화하여 설명할 수 없는 이주 목적과 체류 기간별로 거주공간과 자녀 교육방식의 차이를 보이는데, 이들은 특정 장소를 점유하고 사회자본을 발달시켜 그들만의 공간을 형성하고 있다(이용균 외, 2012). 본 연구를 통해 영미 국제학교를 보내는 가정의 경우, 학교 부근으로 이주하는 경우가 점점 늘고 있음을 알 수 있었다. 이러한 현상은 지역별, 거주지별, 계층별로 그 분화 정도가 다양함을 지적한 바 있다(백권호 외, 2010). 향후 지역별 사례연구를 통한 비교 연구가 필요한 부분이다.

분석을 통해 우리는 재중 한국인과 그들의 자녀는 한국인으로 공유된 문화나 정체성을 가진 동질적 존재이지만, 한편으로 주체성을 가진 능동적 개인 행위자인 초국가주의자임을 알 수 있었다. 재중 한국인들과 자녀들은 원초적 유대에 자리 매겨져 있지만(embedded), 동시에 새로운 자리매김(embedding)을 통해 자신의 인적자본, 사회적 자본을 축적해 나간다(Coleman, 1988; Bourdieu, 1986). 재중 한국인들의 학교선택은 교육의 세계화에 따른 영어권 교육의 확산화와 동시에 중국의 부상에 따른 중국어와 중국 교육의 헤게모니가 등장하는 거시적 환경 속에서 여러 가지 선택적 요인이 작용하고 있다(양한순, 2011). 한편, 글로벌화 시대에 한국인으로서의 정체성을 가지고 한국을 배경으로 살아가기 위해서는 한국어와 한국 문화 교육이 필요함도 동시에 느끼고 있다. 세계화와 로컬화가 동시에 진행되고 있는 모습을 보여주고 있다. 글로벌 시대를 살아갈 자녀들에게 영어와 중국어 능력을 키워줘야 한다는 압박감 속에서도 한국인으로서의 정체성이 매우 강하게 작용하고 있음을 알 수 있다.

제5장

결론 및 정책적 함의

제1절 갈등과 통합, 창신적 발전모델

1. 갈등과 통합, 창신적 발전 과정으로의 초국가주의

재중 한국인은 지리적 근접성과 상대적으로 저렴한 경제적 비용 등으로 모국과 지속적이고 다양한 초국가적 활동을 진행할 것으로 예상할 수 있다. 그러나 지금까지 초국가주의 시각에서 이들이 어떻게 경험하며 실질적인 행위로 어떻게 나타나는지에 대한 사회생활 경험을 분석한 연구는 많지 않다. 재중 한국인의 초국가주의 활동에 관한 선행연구들은 상당수 행위자를 하나의 집단으로 가정했기 때문에 마치 그들 전체가 모두 초국가주의 활동을 하는 것처럼 집단을 과다 추정했다. 이에 포르테스를 비롯한 사회학자들은 양적 연구의 방법으로 초국가주의 활동의 정도를 검증하고자 하였다(이윤경, 2015; Portes et al. 2002; Guarnizo et al. 2003).

본 연구는 전체 재중 한국인(모집단)의 계통 표집에 의한 표본집단을 대상으로 한 설문조사 데이터를 근거로 '재중 한국인 전체'의 활동수준을 포함한 '재중 한국인 개인'의 활동수준에도 주목하고자 했다. 이와 같은 아래로부터의 초국가주의 활동은 재중 한국인 개인의 행위성과 주관적 경험에 더욱 강조점을 둔 제도화 수준이 낮은 개인적 차원의 초국가주의 활동이라 할 수 있다(Faist, 2010; 이윤경, 2015).

재중 한국인은 한국이라는 민족국가의 정체성을 가지고 있는 한국인이지만 동시에 그들은 성별, 나이, 계층, 소득, 지역 등의 다양한 인구학적, 사회학적 속성에 의해 서로 상이한 개성(개인 정체성)을 가진 행위자이다. 따라서 거주지에 머물고자 하는 마음과 모국으로 돌아가고

싶은 마음이 혼재하는 상황에서 그들의 자기 정체성의 다중성, 혼합성
이 나타나는 것이다. 이러한 측면에서 그들은 '이동성'과 '지역성'을 갖
춘 '초국가주의자'라고 할 수 있다.

기존 연구는 재중 한국인들이 초국가주의 활동에 모두 참여하는 것
은 아니며 오히려 개인변수에 따라 다양하게 유형화되고 있음을 지적
한 바 있다. 왕징 코리아타운 내의 한국인 이민 사회는 대기업 주재원
과 공공기관 주재관, 대형 자영업자, 중소형 자영업자, 영세한 자영업
자, 유학생, 주부 그리고 일정한 직업이 없이 생활이 안정되지 않은 유
동인구에 이르기까지 다양한 집단이 존재하며, 그들 사이에 이미 사회
계층적 구분이 심화되고 있다(백권호 외, 2010; 정종호, 2013).

본 연구는 이러한 재중 한국인들의 다양한 정치, 경제, 사회문화 등
다양한 방면에서의 초국가적 현상들을 실증적으로 분석해 보고자 했
다. 이를 통해 초국가주의가 기존의 국가와 민족이라는 인식 틀을 무시
하는 것이 아니라 초국가적 이동행위를 하는 유연하고 역동적인 현상
임을 파악하고자 했다.

초국가주의 활동에 영향을 미치는 인구 사회학적 변수들로는 거주기
간, 교육, 성별, 사회적 네트워크, 귀환에 대한 강한 기대 등이 논의되어
왔으나 본 연구는 이들 중에서도 성별, 연령대, 교육수준, 직종 변수에
초점을 맞추어 집단적 차원의 초국가주의 활동과의 비교를 통해 어떻게
유형화되는지를 정치, 경제, 사회문화 등 영역별로 살펴보고자 했다.

2. 재중 한국인의 영역별 초국가주의 실천

본 연구는 재중 한국인이 정치, 경제, 사회문화 등 영역별로 어떻게

초국가주의 실천을 진행하고 있는지 그리고 그것이 개인적, 집단적 차원으로 어떻게 유형화되는지 살펴보고자 했다.

가. 정치적 측면의 초국가주의 실천

정치적 영역에서 초국가주의 실천이란 이주자들이 거주지와 이출지 모국이 연계된 정치적 관계를 형성시키고 유지하는 행위를 가리킨다. 재중 한국인의 초국가적 정치 실천은 개인이나 집단, 정부 혹은 비정부 조직의 다양한 형태로 진행되었다.

이주 초기 중국 사회에 대한 과객 심리를 바탕으로 개인적 관계를 통해 관련 문제를 해결하려 하는 형태를 보인 것과 달리 중국의 투자환경 및 경제적 이익이 현실화되면서 중국 사회에 대해 갖고 있던 심리에도 상당한 정도의 변화가 일어나기 시작했다. 재중 한국인들이 초기와는 달리 공산당에 대한 태도도 변화했고 현지사회에 대한 태도 또한 공동으로 발전하고자 하는 현지화 의식이 매우 강하게 표출되었으며 더불어 이들의 정치적 역량 형성에 대한 필요성 및 요구 또한 이전과는 확연히 달라졌다. 중국이라는 거주국을 떠나지 않은 상태에서, 한국의 정당, 단체 및 선거에 직접 참여한다든가, 경선 활동이나 모국의 정치 관련 회의에 참여하는 등의 활동을 진행하고 있음을 알 수 있었다.

나. 경제적 측면의 초국가주의 실천

재중 한국인의 중국 이주는 사실상 글로벌 경제와 한중 경제변화에 대한 발 빠른 적응을 위한 경제적 적응이었기 때문에 당연히 경제적 측면의 초국가적 연결이 우선시될 수밖에 없었다. 재중 한국인의 중국 이주 원인을 살펴보면 중국에서 경제적 기회를 찾아서, 직업을 찾기 위해서 유학 이후 지속 체류, 한국에서 경제적으로 살기 어려워서 등 경제적 원인이 가장 크게 작용하고 있음을 알 수 있었다.

중국 이주 이후 중국의 국내외적인 환경의 변화에 따른 새로운 경영환경에 이주자들은 적응할 수밖에 없었다. 개인 이주자의 경우 중국 현지 유학 이후 체류해 새로운 직업을 찾거나 경제활동을 유지하고자 했으며 이들의 현지 생활만족도 역시 대체로 긍정적이었다.

한국기업의 경우 초기 수출주도형 성장모델에서 내수주도형 성장모델, 노동집약적 산업에서 첨단 산업으로의 전환을 시도했다. 동시에 내수시장 진출, 내륙 이전, 한국으로의 복귀(U-turn), 제3국행을 선택하는 P-turn, 북한행을 선택하는 K-turn(개성공단행) 등 5가지 유형으로 패턴화되고 있음을 알 수 있었다.

다. 사회문화적 측면의 초국가주의 실천

재중 한국인의 사회문화적 초국가적 활동은 매우 다양한 영역에서 다양한 범위와 강도로 나타나고 있었고, 특히 그 활동수준이 타 영역보다 가장 빈번하고 패턴화된 형태로 진행되고 있었다.

재중 한국인의 중국 현지생활 만족도가 성별, 연령대별, 학력별 구분 없이 전반적으로 만족하고 있는 것으로 나타났으며 중국정착 의향 역시 높게 나타났다. 그들이 한국 커뮤니티에서 생활하는 주된 이유가 교통이 편리하고 직장과 가깝기 때문, 다른 곳보다 주거비가 저렴하고 경제적 생활 수준이 적당하기 때문, 취업 정보와 고충 해결 등을 해결해 주는 단체나 업체들이 있어서 등 개인적이고 실리적 원인이 가장 컸다. 상대적으로 민족적, 정서적 원인의 비중이 매우 낮았다. 이는 26.9%에 해당하는 이주자가 한국인 커뮤니티가 아닌 곳에 생활하고 있다는 수치를 통해서도 간접적으로 확인할 수 있었다.

한편, 재중 한국인은 중국 생활에 있어 직원채용의 어려움이라는 경제적 원인 외에 문화 차이, 언어 및 의사소통에 의한 사회문화적 요인으로 인한 어려움을 크게 겪고 있었다. 그런데 이는 현지인과 현지사회의 배척으로 인해 발생하는 것이 아니라 현지사회의 진입과 융화의 필요성을 인식하고 노력하는 과정에서 발생하는 것으로 나타났다.

재중 한국인의 타민족 간 관계를 살펴보면 '한국인-한국인 관계 > 한국인-한족 관계 > 한국인-조선족 관계 > 조선족-한족' 순으로 긍정적인 관계를 보였다. 이는 에스닉 연계를 유지하면서 현재 지역에 기반을 둔 연계가 큰 비중을 차지하는 전형적인 초국가주의 실천을 보여주는 대목이다.

이러한 현상은 재중 한국인의 자녀교육 선택과정에서 더욱 명확하게 나타났다. 그들의 자녀교육 선택은 한국인이라는 정체성 교육을 기반으로 경제력, 경험, 직업 현황 등의 개인적 상황과 글로벌 교육환경의 변화 속에서 정해진 것이 아닌, 다원화되고 유동적인 형태를 보여주고 있었다. 즉 중국학교를 통한 현지화 교육, 한국학교의 한국 정체성 교육, 그리고 국제학교를 통한 국제화 교육, 그리고 중국학교의 국제부를 통해 역동적인 초국가적인 교육을 실천하고 있었다.

라. 사드 사태 이후 재중 한국인의 경향 변화

재중 한국기업의 초국가주의 실천과 더불어 재중 한국인의 변화도 또 하나의 패턴으로 형성되고 있어 매우 의미 있는 변화로 볼 수 있다. 사드 사태를 전후하여 유학생을 포함한 재중 한국인이 현지 중국기업에 취업하는 사례가 늘고 있다. 이는 공급자인 중국기업의 처지에서는 덩치만 불린 기업의 질적 성장을 도모할 인재가 필요하게 되었고, 수요자인 재중 한국인의 처지에서는 기존 근무하던 혹은 근무하고자 희망했던 한국기업이 대거 철수하자, 기업을 따라 이동할 수 없는 문제, 또한 향후 중국시장의 잠재력에 대한 믿음, 중국기업의 상대적 선진화 등의 요인이 작용하여, 현지 중국기업에 취업하는 경우가 점차 늘어나는 추세이다. 이는 재중 한국인의 초국가주의 실천을 더욱 강화하는 중요한 추세로 파악할 수 있다.

제2절 초국가주의 '역동성'의 정책적 함의

1. 초국가주의 '역동성'의 의미

초국가주의 이론에 의하면, 이주자와 그 이출지 모국은 공식, 비공식적 차원에서 고도로 밀집된 거리를 초월하는 연계를 유지한다. 또한, 이러한 연계를 구성하는 네트워크는 이주자의 초국가주의적 사회공간을 구축한다. 이 초국가주의적 사회공간은 이주자 이출지 모국의 사람들까지 포함하기도 한다. 국경을 초월하는 이주가 그들의 거주국에서의 상대적 열등 지위를 극복하고 심리적 만족을 가져다주기 때문에 이러한 초국가주의적 사회공간은 계속 창출되고 유지된다. 다음은 재중 한국인이 한중 양국을 오가는 지속적 유동이 갖는 의미이다.

첫째, 한중 양국을 지속해서 오가는 유동은 재중 한국인의 생활방식을 '초국가주의적 생활방식'으로 형성시켰다는 점이다. 초국가주의적 생활방식이란 한국과 중국을 오가면서 양국에 걸친 생활거점을 계속 유지한다는 의미이다. 이렇게 지속화되고 일상화된 초국가주의적 생활방식으로 인해, 재중 한국인은 중국 현지사회에 완전히 통합되지도 않고 그렇다고 완전히 유리되어 있지도 않다. 즉 한중 양국에 일정한 정도 거리를 유지하면서 새롭게 창출된 공동의 공간에서 생활하고 있다. 재중 한국인은 비록 중국을 가장 중요한 생활공간이라고 여기지만, 한국을 멀리 떨어져 있다고 생각하지도 않는다. 현대 교통 통신기술의 발달이 이들의 공간적 거리를 당겨 놓았다. 교통과 통신조건의 개선은 이러한 초국가적 유동을 빈번하게 만들었고, 재중 한국인과 한국에 있는 가족 친지들과의 감정적 유대를 유지 강화하는 데 매우 적극적으로 작용했다. 이것이 현대사회 이주자로서의 재중 한국인과 예전의 이민이 다른 점이다. 예전의 이민자와 마찬가지로 현대의 이민자 역시 고국은 가지고 있으나, 고국에 대한 향수는 일상화된 초국가적 유동 중에 소실되는 점이 다르다.

둘째, 초국가적 생활방식 중에서 '초국가주의적 사회공간'을 구축했다는 점이다. 일상화된 초국가적 생활방식은 재중 한국인의 지리적 공간개념을 무의미하게 만들었다. 양국을 연결하여 구축된 '사회적 공간'이 그들에게 있어 실질적 의미의 공간으로 자리 잡았다. 지리적 공간의 경우는 그들이 중국 혹은 한국에서 생활하는 사람들로 갈라놓았다. 하지만 각종 관계에 의한 연계를 통해 재중 한국인은 두 개의 생활근거지를 유지할 수 있게 되었고, 이중적 연결과 이중적 정체성을 갖게 되었다. 비교적 완전한 '사회적 공간'을 새롭게 구축하게 된 것이다. 이러한 사회적 공간은 재중 한국인에게 몇몇 중요한 가치를 제공하게 되었다. 한편으로는 이주를 통해 야기된 정체성의 혼란과 모호성을 해결해 주는 계기가 되었다. '외로운 섬으로' 혹은 '완전히 현지에 통합된' 정체성에 연연하지 않아도 되는, 새로운 '사회적 공간'의 주체로서 활동할 수 있는 새로운 가치를 제공한 것이다. 다른 한편으로는 양국 사회와 동시에 구축하고 유지하는 사회적 관계와 사회적 인정을 통해 '사회적 자본'을 형성시키고 축적하는 계기가 되었다. 이로써 한중 양국에서의 사회적 위치를 발현하고 자아를 실현하고 사회적 지위의 향상을 도모할 수 있게 되었다.

셋째, 새로운 정체성의 구축이다. 정체성의 형성과 변화는 일종의 구축 과정이다. 이주자들은 자신들이 이출지에서 가지고 나왔던 사회문화와 경제적 자원을 사용할 뿐만 아니라, 사회문화, 경제와 제도 등 거주국의 자원 역시 부단히 이용하면서 그들만의 독특한 사회 경제 문화적 특성을 형성시킨다. 다시 말하면, 이주자들은 피동적으로 거주국의 사회제도와 문화를 접수하거나 혹은 무작정 배척하는 것이 아니라, 그들이 생존하고 발전하는 데 필요한 사회경제적 공간 및 그에 상응하는 가치이념과 정체성을 재구축한다. 재중 한국인은 위에서도 해석했듯이, 이중의 정체성을 구축하고 있다. 중국을 평생의 근거지로 생각하는가 하면 한국의 가치와 문화를 늘 견지하고 있다. 이들이 구축하고 있는 새로운 정체성은 지역이나 민족, 국가와 영토의 한정을 받지 않는다. 지역 혹은 국가가 이들의 정체성의 기초가 되는 것이 아니라 이들의 사회적 관계가 정체성의 근거가 되는 추세이다.

2. 초국가주의적 역동성의 정책적 함의

위의 논의를 통해 우리는 전통적인 동화론적 시각에서의 활동공간은 고정적이며, 신분 정체성과 문화적 속성이 단일한 형태인 데 반하여, 초국가주의적 이민의 특징은 이와는 아주 다르다는 사실을 확인할 수 있었다. 지리적으로는 매우 유동적이며 기민한 특성이 있으며, 또한 다층적이고 가변적인 신분 정체성과 비교적 복합적인 문화적 속성이 있다고 정리할 수 있다. 그렇다면 이러한 초국가주의적 실천공간을 가진 이민자에 대해 거주국 정부나 이출지(모국) 정부 역시 새로운 접근을 시도해야 할 것이다.

영국학자 버토벡(Steven Vertovec)은 초국가주의가 우리에게 일종의 '전 지구를 무대로 하는 새로운 상상적 공간'을 제공하고 있다고 강조한다. 사람들은 이제 귀속과 지역이란 기존의 틀을 깨고 새로운 전 지구적 시민 모델이 필요하다는 것이다. 단일 국가의 모델은 강력한 전 지구적 경제와 문화 논리를 통제할 힘을 잃어 가고 있다. 교통과 통신의 발달, 주류 문화가치의 확산 추세에 따라 새로운 초국가적 문화의 귀속과 정체성을 요구하고 있다. 이러한 추세는 단일민족국가 모델에 심각한 도전을 하고 있고, 이중 혹은 다중 국적과 같은 새로운 모델을 통해 한 개 이상의 사회, 새롭게 창출된 초국가주의적 사회공간에 참여할 수 있는 길을 제공해야 한다고 요구하고 있다. 물론 국적법의 수정은 국가의 정치·경제적 이익을 고려한 입법원칙을 포기해선 안 될 것이다. 하지만 이중국적을 허용하게 되면 우수한 해외 인재와 외국자본을 유치할 수 있고, 국가의 경쟁력 증강과 과학기술 및 경제의 발전에 유리할 수 있다는 일부 국적법 수정론자의 논지를 참고할 필요가 있을 것이다.

또한, 재중 한국인은 지역과 국가를 떠나 새로운 글로벌 공간을 창출하고 있는 인재집단이다. 세계 경제인의 일원으로서 모국과 글로벌 경제를 연결하는 중요한 매개이다. 따라서 세계의 많은 국가에서는 재외국민을 본국으로 연결하는 정책을 실천하고 있다. 이러한 정책실천의 효과는 종종 경제적 범위를 훨씬 초과하여 나타난다. 모국으로의 U턴 투자유치 및 모국기업의 중국진출 중개, 중국기업의 한국투자 중개 등의 역할을 유도하는 정책적 실천이 요구된다.

재중 한국인의 공공외교 역할을 중시할 필요가 있을 것이다. 재중 한국인의 거주국(중국)과 모국(한국)의 정치참여 활동은 한중 양국의 우호적 정치교류의 새로운 창구가 될 수 있다. 군사, 안보, 국가전략, 외교와 같은 국가적 정치영역과 더불어 경제, 사회문화, 환경, 이민 등의 민간의 정치영역 또한 소홀히 할 수 없는 중요한 영역이다. 재중 한국인의 사회적, 문화적 네트워크를 통한 공공외교의 강화와 관련한 정책적 실천 또한 중시되어야 할 것이다.

참고문헌

강준영, 「韓·中수교 25年: ‘新常態’시대의 도래」, 『중국학연구』 제82집, 중국학연구회, 2017.

김병록, 「재외국민 선거의 편의성과 공정성 확보방안에 관한 연구」, 『법학연구』, 제18권 제2호, 조선대학교 법학연구원, 2011.

김예경, 「‘한중관계 개선 관련 양국 간 협의 결과’ 내용분석 및 시사점」, 『이슈와 논점』, 제1376호, 국회입법조사처, 2017.

김윤태·안종석. 「중국의 신선족과 한인타운」, 『중소연구』, 제22권 제4호, 2009.

김윤태·예성호, 「중국의 외국인 관리제도와 관리행정조직」, 『한국이민학』, 제4권 제2호, 한국이민학회, 2013.

김재기, 「세계한상대회 10년: 성과와 발전방안」, 『재외한인연구』, 제29호, 재외한인학회, 2013.

김재철, 「한중관계, 25주년의 성찰」, 『정세와 정책』, 9월호, 2017.

김지윤·강충구·이지형, 「미중 패권경쟁 속 한국인의 사드(THAAD) 인식」, 『이슈브리프』, 1월 23일호, 아산정책연구원, 2017.

김판준, 「중국의 화교화인 역사·교육·문화 네트워크 연구」, 『재외한인연구』, 제35호, 재외한인학회, 2015.

김흥규, 「중국의 동반자외교소고: 개념, 전개 및 함의에 대한 이해」, 『한국정치학회보』, 제43집 제2호, 2009.

문상명, 「재중국 한국 유학생의 생활공간 연구: 베이징 우다오커우(五道口) 지역 한국 유학생의 행태 연구를 중심으로」, 성신여자대학교 석사학위논문, 2003.

민귀식, 「재중 장기체류자의 문화갈등 유형과 대중국인식의 변화 - 북경지역을 중심으로」, 『중국학연구』, 제51호, 2010.

백권호·장수현·김윤태·정종호·설동훈, 「재중 한인사회연구: 코리아타운

을 중심으로」, 『대중국 종합연구 협동연구총서』, 경제인문사회연구
회, 2010.

예성호·김윤태, 「'초국가주의 역동성'으로 본 재중 한국인 자녀교육 선택에
대한 연구-상해지역을 중심으로-」, 『중국학연구』, 제68집, 중국학연
구회, 2014.

유희연, 「조기유학을 통해 본 교육이민의 초국가적 네트워크와 상징자본화
연구」, 『한국도시지리학회지』, 제11권 제2호, 2008.

이성현, 「사드 해법은 왜 '차선책'을 선택해야 하는가?」, 『CSF 중국전문가
포럼』, 제64호, 2017.

이윤경·윤인진, 「멀티 에스닉(multi-ethnic)모델로 본 초국가적 사회공간내
의 재중한인-북경 왕징 코리안타운의 사례를 중심으로-」, 『디아스포
라와 트랜스내셔널리즘의 이슈, 이론, 방법론』, 국제학술대회 발표논
문, 9월 21일, 2012.

이윤경·윤인진, 「중국 내 한인의 초국가적 이주와 종족공동체의 형성 및 변
화: 베이징 왕징 코리아타운 사례연구」, 『중국학논총』, 제47집, 2015.

이희옥, 「중국의 부상과 한중관계의 새로운 위상」, 『한국과 국제정치』, 제28
권 제4호 2012년(겨울) 통권 79호, 2012.

임채완, 「지구화시대 디아스포라의 초국가적 활동과 모국」, 『국제정치논총』,
제48권 제1호, 2008.

임채완·김혜련, 「한국 재외동포의 국내 정치참여와 현지 정치력 신장」, 『대
한정치학회보』, 제23집 제1호, 2015.

임채완·전형권, 『재외한인과 글로벌 네트워크』, 서울: 한울아카데미, 2006.

장수현, 「이산민의 초국가성과 다층적 정체성: 중국 위해의 한국화교에 대한
사례연구」, 『현대중국연구』, 제11권 제2호, 2010.

정종호, 「왕징모델(望京模式): 베이징 왕징 코리아타운의 형성과 분화」, 『중
국학연구』, 제65권, 2013.

주승희, 「현행 공직선거법상 재외선거제도의 문제점 및 개선방안」, 『안암법
학』, 제41호, 2013.

주철기, 「한미관계와 한중관계는 건설적으로 양립 가능」, 『성균관차이나브리

프』, 제4권 제3호, 2016.

Aihwa Ong, *Flexible Citizenship: The Cultural Logics of Transnationality*, Duke University Press, 1999.

Alejandro Portes, Luis E. Guarnizo and Patricia Landolt, "The Study of Transnationalism: Pitfalls and Promise of An Emergent Research Field", *Ethnic and Racial Studies*, 22(2), 1999.

Chiller, Nina Glick et al., "From Immigrant to Transmigrant: Theorizing Transnational Migration", *Anthropological Quarterly*, 68(1), 1995.

Eva Østergaard-Nielsen, "The Politics of Migrants Transnational Political Practices", *International Migration Review*, 37(3), 2003.

Linda Basch, Nina Glick Schiller, and Cristina Szanton Blanc, *Nations Unbound: Transnational Projects*, Postcolonial Predicaments, and Deterritorialized Nation-States, Langhorne(PA: Gordon and Breach), 1994.

Nina Glick Schiller & Georges E. Fouron, "Terrains of blood and nation: Haitian transnational social fields", *Ethnic and Racial Studies*, 22, 1999.

Schiller Nina Glick, Linda Basch and Cristina Blanc—Szanton, "Transnationalism: A New Analytic Framework for Understanding Migration", in Nina Glick Schiller, Linda Basch and Cristina Blanc—Szanton(Eds), *Towards a Transnational Perspective on Migration: Race, Class, Ethnicity, and Nationalism Reconsidered,* New York: The New York Academy of Sciences, 1992.

Steven Vertovec, "Migrant Transnationalism and Modes of Transformation", *International Migration Review*, 38(3), 2003.

柯卫, 雷宏, 「改革开放三十年上海外国人证件管理的变化」, 『上海公安高等专科学校学报』, 2009(2).

金潤泰,「福建台商与山东韩商的比较：产业连结，政商关系与社会互动」，『台商与两岸关系研讨会論文辑』，香港：嶺南大學，2000.

金正昆·乔旋,「當代中國外交新理念探析」，『教學與研究』，2007(3).

龙章安,「关于在海南岛实行外国人免签入境的构想」，『公安研究』，2005(12).

刘宏,『战后新加坡华人社会的嬗变：本土关怀·区域网络·全球视野』 厦门：厦门大学出版社，2003.

刘莎,「在京韩国人跨文化人际交往特征分析」，兰州大学硕士論文，2011.

李明欢,「国际移民研究热点与华侨华人研究展望」，『华侨华人历史研究』，2012(1).

李明欢,『国际移民政策研究』，厦门：厦门大学出版社，2011.

朴盛镇,「北京望京地区朝鲜族与韩国人的关系研究」，中央民族大学硕士論文，2010.

潘向泷·秦总根,「广州外国人犯罪与防控机制研究」，『政法学刊』，2011(5).

严炯,「为我国经济结构远期调整, 应确立移民法律制度」，『商业经济』，2013(18).

王铁崖·田如萱,「公民及政治权利国际盟约」，『国际法资料选编』，北京：法律出版社，1981.

王铁崖·田如萱,「关于难民地位的公约」，『国际法资料选编』，北京：法律出版社，1981.

魏鶴欽,「大陸台商面臨成本高漲的困境」，『靜宜會計』，2005(11).

魏鶴欽·張書豪,「大陸台商環境審視行為：以東莞地區台商為例」，『多國籍企業管理評論』，2008(2).

周敏·张国雄主编,『国际移民与社会发展』，广州：中山大学出版社，2012.

朱秉渊,「在京韩国人及其社会融合状况--以望京"韩国城"为例」，山东大学硕士论文，2013.

金潤泰·李承恩,「韓國中小企業の 中國適應戰略」，園田茂人·蕭新煌編，『チャイナ·リスクといかに向きあうか』，東京：東京大学出版会. 2016.

園田茂人·蕭新煌編,『チャイナ·リスクといかに向きあうか』，東京：東京大学出版会. 2016.

부록 1

<hr/>

재중 한국인의 생활실태 조사연구

안녕하십니까?

재중 교민 100만 명 시대를 앞두고 있습니다. 한중관계의 상생적인 발전을 추구하기 위해서는 재중 교민의 생활실태를 파악하는 것이 무엇보다 중요합니다. 그것을 바탕으로 장기적으로 안정적 정주 환경을 조성할 방안을 도출할 수 있을 것이기 때문입니다. 동덕여자대학교 한중미래연구소에서는 한국학중앙연구원 한국학진흥사업단의 연구비 지원을 받아 '재중 한국인의 생활실태조사'를 실시하고 있습니다. 본 조사의 대상은 한국에서 중국으로 건너와 생활하고 있는 교민들입니다. 지역적으로는 한국인이 많이 거주하는 베이징·상하이 등 대도시들과 연해의 주요 도시 등을 대상으로 하고 있습니다. 본 조사는 재중교민사회의 건전하고 경쟁력 있는 발전을 연구하기 위한 기초 자료로 사용될 것입니다. 본 조사의 결과는 연구 목적으로만 사용될 것임을 약속드립니다. 번거로우시더라도 시간을 내어 질문에 응답하여 주시길 부탁드립니다. 저희 연구를 도와주시는 데 진심으로 감사드립니다.

2013년 6월
동덕여자대학교 한중미래연구소 소장 000 올림
(우) 136-714 서울 성북구 화랑로 13길 60 (하월곡동) 동덕여자대학교 한중미래연구소
전화: (+82-2) 940-4206 팩스: (+82-2) 940-4208 이-메일: dduifkcr@gmail.com

<hr/>

다음 문항을 읽고 해당하는 번호를 골라 동그라미(○)나 체크(✔)를 하시기 바랍니다. 숫자를 적어야 할 부분은 아라비아 숫자를 적어주시고, 기타 의견은 한글 또는 한자로 적어주시면 됩니다.

개인 신상 카드

1. 귀하의 성별은 무엇입니까?

___ ① 남자 ___ ② 여자

2. 귀하는 언제 태어났습니까?

19_____년 _____월 출생

A. 사회 · 인구학적 특성

A1. 한국에서 귀하의 거주지는 어디였습니까?

__ ① 서울 __ ② 인천 · 경기 __ ③ 강원 __ ④ 대전 · 충청
__ ⑤ 광주 · 전라 __ ⑥ 대구 · 경북 __ ⑦ 부산 · 울산 · 경남
__ ⑧ 제주 __ ⑨ 없었다 ☞ 북한 __ ⑩ 없었다 ☞ 외국

A2. 귀하의 현재 중국 내 주소지는 어디입니까?

__ ① 베이징北京 __ ② 톈진天津 __ ③ 허베이河北
__ ④ 네이멍구內蒙古 __ ⑤ 산시山西 __ ⑥ 산둥山东
__ ⑦ 상하이上海 __ ⑧ 저장浙江 __ ⑨ 장쑤江苏
__ ⑩ 안후이安徽 __ ⑪ 광둥广东 ⑫ 푸젠福建
__ ⑬ 광시广西 __ ⑭ 하이난海南 __ ⑮ 허난河南
__ ⑯ 후베이湖北 __ ⑰ 후난湖南 __ ⑱ 장시江西
__ ⑲ 쓰촨四川 __ ⑳ 충칭重庆 __ ㉑ 쿤밍昆明
__ ㉒ 구이저우贵州 __ ㉓ 랴오닝辽宁 __ ㉔ 지린吉林
__ ㉕ 헤이룽장黑龙江 __ ㉖ 닝샤宁夏 __ ㉗ 산시陕西
__ ㉘ 칭하이青海 __ ㉙ 간쑤甘肃 __ ㉚ 신장新疆
__ ㉛ 시장西藏 __ ㉜ 홍콩香港 __ ㉝ 마카오澳门
__ ㉞ 대만台湾 __ ㉟ 윈난云南

A3. 귀하의 현재 중국 내 주소지는 도시입니까? 농촌입니까?

__ ① 도시城市 __ ② 농촌鄉鎭

A4. 현재 귀하가 사는 지역은 한국인 밀집 거주지역입니까?

__ ① 예 __ ② 아니오(☞ A5 문항으로)

A4.1. 현재 귀하가 사는 지역에 한국인이 들어와 모여 사는 이유는 무엇이라고 생각합니까?

____ ① 다른 곳보다 주거비가 저렴하고 경제적 생활 수준이 적당하기 때문이다

____ ② 취업 정보, 고충 해결 등을 해결해주는 단체나 업체들이 있기 때문이다

____ ③ 교통이 편리하고 직장과 가까워서 모여드는 것 같다

____ ④ 조선족이 많이 살고 있기 때문이다

____ ⑤ 기타(   )

A5. 귀하의 최종 학력은 무엇입니까?

____ ① 무학   ____ ② 초등학교   ____ ③ 중학교   ____ ④ 고등학교

____ ⑤ 2~3년제 전문대학   ____ ⑥ 4년제 대학교

____ ⑦ 대학원 석사과정   ____ ⑧ 대학원 박사과정

A6. 귀하의 가족 구성원 수를 적어주시기 바랍니다. 해당 없으면 0이라 적으시면 됩니다.

가. 중국거주 가족	나. 한국거주 가족
① _1_ 명 나	
② ____명 배우자(또는 동거 파트너)	⑫ ____명 배우자(또는 동거 파트너)
③ ____명 자녀	⑬ ____명 자녀
④ ____명 부모	⑭ ____명 부모
⑤ ____명 조부모	⑮ ____명 조부모
⑥ ____명 형제·자매	⑯ ____명 형제·자매
+ ⑦ ____명 기타(누구?)	+ ⑰ ____명 기타(누구?)
------------------------------------	------------------------------------
= ⑧ ____명 합계(본인 포함 가족 구성원 수)	= ⑱ ____명 합계(본인 제외 가족 구성원 수)

A7. 귀하는 현재 한국에 체류하고 있는 가족 구성원과 얼마나 자주 연락하십니까?
반드시 하나만 골라주세요.

____ ① 일주일에 두 번 이상   ____ ② 대략 일주일에 한 번

____ ③ 대략 한 달에 한 번   ____ ④ 몇 달에 한 번   ____ ⑤ 연락 안 함

A8. 귀하와 가족의 소득에 관한 질문입니다.

A8.1. 귀하의 월평균 총수입은 얼마입니까?
_____ (세금 지급 전 금액) 다음 범주에서 골라 번호를 적어주세요.

A8.2. 귀하를 포함한 중국 내 가족 구성원 전체의 월평균 총수입은 얼마입니까?
_____ (세금 지급 전 금액)

⓪ 0위안   ① 1~999위안   ② 1,000~1,999위안   ③ 2,000~2,999위안
④ 3,000~3,999위안   ⑤ 4,000~4,999위안   ⑥ 5,000~5,999위안
⑦ 6,000~6,999위안   ⑧ 7,000~7,999위안   ⑨ 8,000~8,999위안
⑩ 9,000~9,999위안   ⑪ 10,000~14,999위안   ⑫ 15,000~19,999위안
⑬ 20,000~24,999위안   ⑭ 25,000~29,999위안   ⑮ 30,000~39,999위안
⑯ 40,000~49,999위안   ⑰ 50,000위안 이상

A8.3. 중국 내 가족 구성원 중 몇 사람이 귀 가구의 총수입에 기여했습니까? 2013년 1~6월을
기준으로 숫자를 적어주십시오.   _____명(본인 포함)

A8.4. 귀하는 현재 가족의 생계를 어느 정도 책임지고 있습니까?
__ ① 거의 전적으로 책임진다   __ ② 상당 부분 책임진다
__ ③ 일부 책임진다   __ ④ 별로 책임지지 않는다
__ ⑤ 전혀 책임지지 않는다

A9. 귀하가 현재 거주하는 집은 어떤 종류입니까?
__ ① 고급단독주택   __ ② 아파트   __ ③ 다세대주택平房
__ ④ 기숙사   __ ⑤ 기타

A10. 귀하가 현재 사는 집은 자기 집입니까, 셋집입니까?
__ ① 자기 집   __ ② 임대   __ ③ 무상   __ ④ 기타

A11. 귀하 가족의 현재 중국에서의 생활 수준을 중국 현지인과 비교하면 어느 정도 수준에 있다고 생각합니까? (다음 사다리에서 위치를 골라 번호를 적어주십시오.) ＿＿

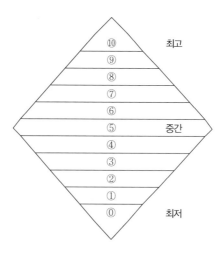

A12. 귀하 가족의 현재 중국에서의 생활 수준을 한국의 다른 가족들과 비교하면 어느 정도 수준에 있다고 생각합니까? (위 사다리에서 위치를 골라 번호를 적어주십시오.) ＿＿

A13. 귀하 가족의 한국에서의 생활 수준은 한국의 다른 가족들과 비교할 때 어느 정도 수준에 있었다고 생각합니까? (위 사다리에서 위치를 골라 번호를 적어주십시오.) ＿＿

B. 경제활동

B1. 귀하는 지난 1주일 동안 수입을 목적으로 1시간 이상 일을 하였습니까? 또는 돈을 받지 않고 동일 가구 내 가족이 경영하는 사업체나 농장 등에서 18시간 이상 일을 하였습니까?
＿ ① 일하지 않았다(☞ B2 문항으로) ＿ ② 일했다(☞ B3 문항으로)

B2. 현재 취업 중이 아닌 사람에게만 해당하는 질문입니다.

B2.1. (귀하가 취업하고 있지 않다면) 그 이유는 무엇입니까?

__ ① 가사종사자(주부) __ ② 학생 __ ③ 의무복무 군인

__ ④ 정년퇴직자·연금생활자 __ ⑤ 원해서 잠시 쉬고 있다

__ ⑥ 일자리가 없어서 일을 못 하고 있다

__ ⑦ 취업이 잘 되지 않아 계속 일자리를 알아보고 있다

__ ⑧ 아파서 일을 못 하고 있다

__ ⑨ 기타(   )

B2.2. (귀하가 취업하고 있지 않다면) 앞으로 취업할 의향이 있습니까?

__ ① 있다 __ ② 없다(☞ C1 문항으로)

B2.3. (귀하가 취업하고 있지 않지만 앞으로 취업할 의향이 있다면) 귀하가 취업하기 원하는 직장
(일)의 고용 형태는 무엇입니까? (☞ 응답 후 C1 문항으로)

__ ① 전일제 임금 근로 __ ② 시간제 임금 근로

__ ③ 자영업자 __ ④ 기타(   )

※ 다음은 현재 취업 중인 사람에게만 해당하는 질문입니다.

B3. 귀하의 직업은 무엇입니까? 여러 직업에 종사하는 경우 가장 비중이 큰 것 하나를 골라주십
시오.

__ ① 서비스종사자(관광 가이드, 음식점 종업원, 간병인 등)

__ ② 판매 종사자(가게운영, 세일즈맨, 보험설계사 등)

__ ③ 농림어업 종사자 __ ④ 기능종사자(기능·숙련공)

__ ⑤ 기계 조작 및 조립종사자

__ ⑥ 가사 관련 단순 노무자(가정부, 파출부, 보육사 등)

__ ⑦ 기타 단순 노무자(미숙련 공장노동자, 건설노동자, 등 육체 노동자)

__ ⑧ 사무종사자(일반 행정사무 등)

__ ⑨ 전문가 및 관련 종사자(대학교수, 변호사, 의사, 약사, 간호사, 엔지니
어, 유치원·학교 교사, 학원 강사, 통·번역사, 컴퓨터 프로그래머 등)

__ ⑩ 임직원 및 관리자(기업가, 고급공무원, 교장, 기업체 임원 등)

__ ⑪ 기타

B3.1. 귀하는 현재 어떤 업종에 종사하고 있습니까? 업종이 여러 개인 경우 가장 비중이 큰 것을
기준으로 하십시오. (☞ 응답 후 비제조업인 경우 B4 문항으로)

__ ① 농업, 임업, 목축, 수산업과 어업 __ ② 광업

__ ③ 제조업(☞ B3.2 문항으로)

__ ④ 전기, 열·가스, 증기 및 수도 생산·공급 사업

__ ⑤ 건설업 __ ⑥ 도매 및 소매업

__ ⑦ 운송, 보관 및 우편업 __ ⑧ 숙박 및 음식점업

__ ⑨ 정보, 소프트웨어 및 IT 서비스 산업

__ ⑩ 금융업, 보험업 __ ⑪ 부동산업

__ ⑫ 임대업, 사업시설관리 및 사업지원 서비스업

__ ⑬ 과학 연구 및 기술 서비스업

__ ⑭ 물 보존, 환경, 공공시설 관리 사업

__ ⑮ 가구 내 고용 활동, 수리 및 기타 개인 서비스업

__ ⑯ 교육 서비스업 __ ⑰ 보건업 및 사회복지 서비스업

__ ⑱ 문화, 예술, 스포츠, 엔터테인먼트 및 여가 관련 서비스업

__ ⑲ 공공관리, 사회보장 및 사회단체 __ ⑳ 국제기구와 외국정부기관

B3.2. (현재 제조업 종사자만) 귀하가 현재 일하는 사업장의 생산품은 무엇입니까?

__ ① 음식료품 및 담배 제조업

__ ② 섬유·의복과 가죽 산업

__ ③ 목재 및 나무 제품 제조업(목재 가구 포함)

__ ④ 종이와 종이 제품 제조업, 인쇄 및 출판업

__ ⑤ 화합물·석유·석탄·고무 및 플라스틱 제조업

__ ⑥ 비금속 광물 제품 제조업(석유 및 석탄 제품 제외)

__ ⑦ 제1차 금속 산업

__ ⑧ 조립 금속 제품, 기계 및 장비 제조업

__ ⑨ 기타 제조업

B4. 귀하의 고용 형태는 어떠합니까?

   __ ① 피고용(☞ B4.1 문항으로) __ ② 자영/고용(☞ B4.2 문항으로)
   __ ③ 피고용, 자영/고용 둘 다(☞ B4.1, B4.2 문항으로)

B4.1. 피고용 형태일 경우

   __ ① 상용노동자(고용계약 기간이 1년 이상인 노동자, 고용계약 기간을 정하지 않았으나 정규식원으로 채용되어 특별한 일이 없으면 계속 근무할 수 있을 것으로 기대되는 노동자)
   __ ② 임시노동자(고용계약 기간이 1개월 이상 1년 미만인 노동자)
   __ ③ 일용노동자(고용계약 기간이 1개월 미만인 노동자)

B4.2. 자영/고용 형태일 경우

   __ ④ 종업원이 있는 자영업자 또는 기업가(연속적으로 일하는 노동자를 1인 이상 고용하고 있는 사람)
   __ ⑤ 종업원이 없는 자영업자(연속적으로 일하는 노동자를 고용하지 않고 자기 혼자 또는 무급 가족 종사자와 함께 일하는 사람)
   __ ⑥ 무급 가족 종사자(자영업자의 가족, 친인척으로서 임금을 받지 않고 해당 사업체에서 1주일에 18시간 이상 종사하는 사람)

B5. 귀하의 현재 직업은 한국에서 했던 일과 어느 정도 유사합니까?

   __ ① 매우 유사하다 __ ② 유사한 편이다
   __ ③ 상이한 편이다 __ ④ 매우 상이하다

B6. 귀하가 주된 직장(일)에서 받은 (세금 공제 전) 월평균 임금은 얼마입니까?

   _____ 위안

B7. 귀하의 한 달 평균 수입은 '한국에서 그대로 있었을 때 기대되는 수입'과 비교하면 어떻습니까?

   __ ① 크게 높다 __ ② 약간 높다 __ ③ 같은 수준이다
   __ ④ 약간 낮다 __ ⑤ 크게 낮다

B7.1. 귀하의 현재 소득과 '한국에 남았을 경우 받을 것으로 기대하는 소득'과의 격차는 어느 정도라고 보십니까? 그 금액을 적어주십시오. '그대로다'인 경우는 0을 적으시면 됩니다.

_____ 위안

B8. 귀하는 한국에 송금하십니까?

__ ① 정기적으로 송금한다

__ ② 부정기적으로 송금한다

__ ③ 송금하지 않는다(한국에 가족이 있다)

__ ④ 송금하지 않는다(한국에 생활 근거가 아예 없다)

B9. 귀하의 직장은 설립된 지 몇 년 되었습니까?

__ ① 0~2년 __ ② 3~4년 __ ③ 5~9년

__ ④ 10~19년 __ ⑤ 20년 이상

B10. 귀하의 직장은 직원 수가 몇 명입니까?

__ ① 1~4명 __ ② 5~9명 __ ③ 10~19명

__ ④ 20~49명 __ ⑤ 50~99명 __ ⑤ 100~299명

__ ⑥ 300~999명 __ ⑦ 1,000명 이상

B11. 귀하 직장에서 직원의 민족분포는 어떻습니까?

(% 수치로 적어주세요. 해당 없으면 0을 적으시면 됩니다.)

① ____% 조선족

② ____% 한족

③ ____% 기타 소수민족

④ ____% 한국인

⑤ ____% 북한인

+ ⑥ ____% 기타 외국인(어느 나라?)

= ⑦ 100% 합계

B12. 귀하 직장에서 고객의 민족분포는 어떻습니까? (% 수치로 적어주세요. 해당 없으면 0을 적으시면 됩니다.)

    ① ____% 조선족

    ② ____% 한족

    ③ ____% 기타 소수민족

    ④ ____% 한국인

    ⑤ ____% 북한인

+ ⑥ ____% 기타 외국인(어느 나라?   )

= ⑦ 100% 합계

B13. 귀하는 현재 직업에 얼마나 만족하십니까?

__ ① 매우 불만이다 __ ② 다소 불만인 편이다 __ ③ 만족도 불만도 아니다

__ ④ 다소 만족하는 편이다 __ ⑤ 매우 만족한다

B14. 귀하는 현재 직업에서 한국인이라는 점 때문에 어느 정도의 차별을 경험하십니까?

__ ① 전혀 없다 __ ② 거의 없는 편이다 __ ③ 약간 있다

__ ④ 다소 많은 편이다 __ ⑤ 매우 많다

B15. 현재 귀하의 직업 또는 귀사의 업무는 한국과 어떤 형태의 관계가 있습니까? (해당하는 곳에 모두 ✔ 표시해주십시오.)

__ ① 아무런 관계가 없다 __ ② 한국으로 수출

__ ③ 한국에서 수입 __ ④ 한국 현지 자본투자

__ ⑤ 한국 자본 유치 __ ⑥ 기술제휴

__ ⑦ 기타(   )

B16. 자영업자 또는 기업가에게만 해당하는 질문입니다. (☞ 주재원, 현지기업 직원, 공무원은 이 문항에 응답하실 필요 없으니 곧장 C1 문항으로 가십시오.)

B16.1 사업을 시작할 때 귀하는 사업자금을 어떻게 마련하셨습니까? (% 수치로 적어주세요. 해당 없으면 0을 적으시면 됩니다.)

① ____% 은행대출

② ____% 가족 및 친지에서의 자금

③ ____% 소유자 개인 자금

④ ____% 주식공모

+ ⑤ ____% 기타(무엇?   )

= ⑥ 100% 합계

B16.2. 귀하가 사업을 운영하는 데 다음 각 사항으로 인한 불편은 어느 정도입니까?

	전혀 없다	거의 없는 편이다	약간 있다	다소 큰 편이다	매우 크다
1. 자금 조달	_ ①	_ ②	_ ③	_ ④	_ ⑤
2. 인건비	_ ①	_ ②	_ ③	_ ④	_ ⑤
3. 경쟁대상	_ ①	_ ②	_ ③	_ ④	_ ⑤
4. 기술적 도전	_ ①	_ ②	_ ③	_ ④	_ ⑤
5. 언어 · 의사소통	_ ①	_ ②	_ ③	_ ④	_ ⑤
6. 민족차별	_ ①	_ ②	_ ③	_ ④	_ ⑤
7. 예상보다 고객이 없다	_ ①	_ ②	_ ③	_ ④	_ ⑤
8. 직원채용이 어렵다	_ ①	_ ②	_ ③	_ ④	_ ⑤
9. 지역사회와 마찰이 있다	_ ①	_ ②	_ ③	_ ④	_ ⑤

B16.3. 귀하의 회사에서 1년간 총매출액은 얼마입니까? (2012년 기준) 기업이 여러 개 있을 때는 총액을 말씀해주세요.

__ ① 1~99,999위안   __ ② 100,000~499,999위안

__ ③ 500,000~999,999위안   __ ④ 1,000,000~4,999,999위안

__ ⑤ 5,000,000~9,999,999위안   __ ⑥ 10,000,000위안 이상

__ ⑦ 해당 없음(주재원, 현지기업 직원, 공무원 등)

C. 이주와 문화

C1. 귀하는 언제 중국에 거주하기 위해 왔습니까?

＿＿＿＿＿년 ＿＿＿월 도착

C2. 귀하가 중국으로 이주한 원인은 무엇입니까? 해당하는 것을 중요한 순서대로 3개까지 골라 그 번호를 적어주시기 바랍니다.

첫째 ＿＿＿　둘째 ＿＿＿　셋째 ＿＿＿

① 중국에서 경제적 기회 또는 직업을 찾아서　② 자녀 교육을 위하여
③ 중국 유학 이후 지속 체류　④ 한국에서 경제적으로 살기 어려워서
⑤ 중국인과 결혼해서　⑥ 건강상 이유로　⑦ 기타(　　　　　　　　　)

C3. 귀하의 여권에 표시된 사증(비자)의 종류는 무엇입니까?

＿＿ ① 관광·방문 ＿＿ ② 고용·취업 ＿＿ ③ 주재원 ＿＿ ④ 투자
＿＿ ⑤ 학생 ＿＿ ⑥ 연수 ＿＿ ⑦ 기타(　　　　　　　　　)

C4. 귀하의 현재 체류자격의 법적 상태는 어떻습니까?

＿＿ ① 합법체류 ＿＿ ② 비합법체류(체류기간 초과 등)

C5. 귀하 친구들의 민족분포는 어떻게 됩니까?

(% 수치로 적어주세요. 해당 없으면 0을 적으시면 됩니다.)

①　＿＿＿% 조선족
②　＿＿＿% 한족
③　＿＿＿% 기타 소수민족
④　＿＿＿% 한국인
⑤　＿＿＿% 북한인
+ ⑥　＿＿＿% 기타 외국인(어느 나라?　　　　　　　)

= ⑦ 100% 합계

C6. 귀하의 중국어 실력은 어느 정도입니까?

	매우 못한다	못한다	보통이다	잘한다	매우 잘한다
1. 말하기	__ ①	__ ②	__ ③	__ ④	__ ⑤
2. 듣기	__ ①	__ ②	__ ③	__ ④	__ ⑤
3. 읽기	__ ①	__ ②	__ ③	__ ④	__ ⑤
4. 쓰기	__ ①	__ ②	__ ③	__ ④	__ ⑤

C7. 귀하는 중국어 구사 능력을 얼마나 중요하게 여기십니까? 다음 질문에 응답하여 주십시오.

	전혀 중요하지 않다	별로 중요하지 않은 편이다	그저 그렇다	다소 중요한 편이다	매우 중요하다
1. 귀하가 중국어를 하신다는 것이 어느 정도 중요합니까?	__ ①	__ ②	__ ③	__ ④	__ ⑤
2. 귀하의 자녀들이 중국어를 할 수 있 다는 것이 어느 정도 중요합니까?	__ ①	__ ②	__ ③	__ ④	__ ⑤

C8. 다음 각 질문에 대한 귀하의 응답을 1점(최저)에서 5점(최고) 사이의 점수에 ✔ 표시해주십
시오.

	최저 ←		보통	→	최고
1. 얼마나 자주 중국음악을 듣거나 중국영화를 보십니까?	__ ①	__ ②	__ ③	__ ④	__ ⑤
2. 얼마나 자주 한국음악을 듣거나 한국영화를 보십니까?	__ ①	__ ②	__ ③	__ ④	__ ⑤
3. 중국 음식을 얼마나 좋아하십니까?	__ ①	__ ②	__ ③	__ ④	__ ⑤
4. 한국 음식을 얼마나 좋아하십니까?	__ ①	__ ②	__ ③	__ ④	__ ⑤
5. 중국 음식을 얼마나 자주 드십니까?	__ ①	__ ②	__ ③	__ ④	__ ⑤
6. 한국 음식을 얼마나 자주 드십니까?	__ ①	__ ②	__ ③	__ ④	__ ⑤
7. 중국 역사에 대해 얼마나 유식합니까?	__ ①	__ ②	__ ③	__ ④	__ ⑤
8. 한국 역사에 대해 얼마나 유식합니까?	__ ①	__ ②	__ ③	__ ④	__ ⑤
9. 중국 문화와 전통에 대해 얼마나 유식합니까?	__ ①	__ ②	__ ③	__ ④	__ ⑤

	최저 ← 보통 → 최고
10. 한국 문화와 전통에 대해 얼마나 유식합니까?	_ ① _ ② _ ③ _ ④ _ ⑤
11. 중국의 전통과 고유명절을 얼마나 지킵니까?	_ ① _ ② _ ③ _ ④ _ ⑤
12. 한국의 전통과 고유명절을 얼마나 지킵니까?	_ ① _ ② _ ③ _ ④ _ ⑤
13. 중국 한족과 어느 정도 교류합니까?	_ ① _ ② _ ③ _ ④ _ ⑤
14. 중국 조선족과 어느 정도 교류합니까?	_ ① _ ② _ ③ _ ④ _ ⑤
15. 자신이 한국인이라는 점에 얼마나 자긍심을 느낍니까?	_ ① _ ② _ ③ _ ④ _ ⑤

C9. 귀하가 아는 (어느 특정인이 아니고 '가장 훌륭한 사람'이나 '가장 못된 사람'이 아닌) 전형적인 한족과 조선족을 염두에 두고, 다음 문항에 대한 귀하의 의견을 말씀해주십시오.

		싫어한다	싫어하지 않는다
가. 한 족 중 국 인	1. 그들은 귀하가 중국에 정착하여 사는 것을 싫어합니까?	_ ①	_ ②
	2. 그들은 귀하가 같은 동네 주민으로 사는 것을 싫어합니까?	_ ①	_ ②
	3. 그들은 귀하가 바로 옆집에 사는 것을 싫어합니까?	_ ①	_ ②
	4. 그들은 귀하가 가까운 친구 또는 선·후배가 되는 것을 싫어합니까?	_ ①	_ ②
	5. 그들은 귀하가 결혼을 통해 자신의 인척姻戚이 되는 것을 싫어합니까?	_ ①	_ ②
나. 조 선 족	6. 그들은 귀하가 중국에 정착하여 사는 것을 싫어합니까?	_ ①	_ ②
	7. 그들은 귀하가 같은 동네 주민으로 사는 것을 싫어합니까?	_ ①	_ ②
	8. 그들은 귀하가 바로 옆집에 사는 것을 싫어합니까?	_ ①	_ ②
	9. 그들은 귀하가 가까운 친구 또는 선·후배가 되는 것을 싫어합니까?	_ ①	_ ②
	10. 그들은 귀하가 결혼을 통해 자신의 인척姻戚이 되는 것을 싫어합니까?	_ ①	_ ②

C10. 귀하는 중국에서 생활하면서 다음 항목·분야들에서 얼마나 어려움을 느낍니까?

	전혀 없다	거의 없는 편이다	약간 있다	다소 큰 편이다	매우 크다
1. 경제적 어려움	__ ①	__ ②	__ ③	__ ④	__ ⑤
2. 언어 및 의사소통	__ ①	__ ②	__ ③	__ ④	__ ⑤
3. 문화의 차이	__ ①	__ ②	__ ③	__ ④	__ ⑤
4. 개인 안전과 보안	__ ①	__ ②	__ ③	__ ④	__ ⑤
5. 자녀에 대한 우려	__ ①	__ ②	__ ③	__ ④	__ ⑤
6. 외로움	__ ①	__ ②	__ ③	__ ④	__ ⑤
7. 민족차별	__ ①	__ ②	__ ③	__ ④	__ ⑤
8. 직원채용이 어렵다.	__ ①	__ ②	__ ③	__ ④	__ ⑤
9. 지역사회와 마찰이 있다.	__ ①	__ ②	__ ③	__ ④	__ ⑤

C11. 귀하는 중국에서 생활하면서 외국인으로서 차별을 경험하신 적이 있습니까?

　　__ ① 있다　　__ ② 없다(☞ C12 문항으로)

C11.1. (외국인 차별 경험이 있다면) 그 내용은 무엇이었습니까?
　　　해당하는 곳에 모두 ✔ 표시해주십시오

　　__ ① 차별을 당한다는 느낌(간접적인 차별, 왕따 등)
　　__ ② 경제적 차별　__ ③ 법적 차별　__ ④ 언어적 차별
　　__ ⑤ 종교적 차별　__ ⑥ 문화적 차별
　　__ ⑦ 사회적 차별(승진·인사·진출 분야 등)
　　__ ⑧ 민족적 차별　__ ⑨ 성 차별
　　__ ⑩ 기타 차별(　　　　　　　　　)

C12. 귀하가 사는 지역의 한국인 사회에 대한 평가를 해주시기 바랍니다.

내가 사는 지역의 한국인 사회(에서)는……	전혀 아니다	대체로 아닌 편이다	보통	대체로 그런 편이다	정말로 그렇다
1. 한국인 공동체가 현재 급격히 성장하고 있다.	_ ①	_ ②	_ ③	_ ④	_ ⑤
2. 구성원들의 생활이 서로 밀접히 관련되어 있다.	_ ①	_ ②	_ ③	_ ④	_ ⑤
3. 구성원들 간의 신뢰수준이 높다.	_ ①	_ ②	_ ③	_ ④	_ ⑤
4. 중국 사회와 융화를 잘한다	_ ①	_ ②	_ ③	_ ④	_ ⑤
5. 중국 사회에서 고립된 섬처럼 존재한다	_ ①	_ ②	_ ③	_ ④	_ ⑤
6. 나는 한국인 공동체의 중심에 있다.	_ ①	_ ②	_ ③	_ ④	_ ⑤
7. 나는 한국인 공동체의 주변에 있다.	_ ①	_ ②	_ ③	_ ④	_ ⑤

C13. 귀하는 한국인(또는 조선족)과 다음 민족 집단들과의 관계가 어떤 것으로 보십니까?

	매우 나쁘다	대체로 나쁜 편이다	좋지도 나쁘지도 않다	대체로 좋은 편이다	매우 좋다
1. 한국인-한족	_ ①	_ ②	_ ③	_ ④	_ ⑤
2. 한국인-조선족	_ ①	_ ②	_ ③	_ ④	_ ⑤
3. 조선족-한족	_ ①	_ ②	_ ③	_ ④	_ ⑤
4. 조선족-북한인	_ ①	_ ②	_ ③	_ ④	_ ⑤

C14. 귀하의 가족이 한민족 명절 중에서 지내는 것을 모두 골라 ✔ 표시해주십시오.

__ ① 설 __ ② 추석 __ ③ 단오 __ ④ 한식 __ ⑤ 동지

C15. 귀하는 자녀의 결혼 상대로 어떤 민족의 배우자를 희망하십니까? 반드시 하나만 골라주십시오. 현재 자녀가 없는 분도 장래 자녀가 생길 경우를 가정하여 응답하여 주십시오.

__ ① 한국인 __ ② 한족 __ ③ 조선족
__ ④ 기타 소수민족 __ ⑤ 기타 외국인

C16. 만약 제도가 허용한다면 귀하는 중국에 정착할 의향이 있습니까?

__ ① 예 __ ② 아니오 __ ③ 모르겠다

D. 가족

D1. 귀하의 혼인상태는 어떠합니까? (☞ 응답 후 독신자는 D2 문항으로)

　__ ① 미혼　__ ② 배우자 있음　__ ③ 사별　__ ④ 이혼

D1.1. (현재 배우자가 있다면) 귀하의 결혼 생활 만족도를 말씀해주시기 바랍니다.

	매우 불만이다	다소 불만인 편이다	만족도 불만도 아니다	다소 만족하는 편이다	매우 만족한다
1. 결혼 생활에 얼마나 만족하십니까?	__ ①	__ ②	__ ③	__ ④	__ ⑤
2. 남편 또는 아내에 대해 배우자로서 　얼마나 만족하십니까?	__ ①	__ ②	__ ③	__ ④	__ ⑤

D2. 귀하의 부모님은 살아 계십니까?

　__ ① 부모님 모두 계신다　__ ② 아버지만 계신다
　__ ③ 어머니만 계신다　__ ④ 부모님 모두 안 계신다(☞ D3 문항으로)

D2.1 귀하의 부모님은 귀댁에 함께 살고 있습니까?

　__ ① 같이 살고 있다(☞ D2.3 문항으로)　__ ② 같이 살고 있지 않다

D2.2. 귀하는 귀하의 부모님과 전화통화나 만남을 얼마나 자주 하십니까?

	거의 매일	일주일에 한두 번	한 달에 한두 번	1년에 몇 번	거의 하지 않음
1. 부모님과의 전화통화	__ ①	__ ②	__ ③	__ ④	__ ⑤
2. 부모님과의 만남	__ ①	__ ②	__ ③	__ ④	__ ⑤

D2.3 귀하의 부모님은 누구와 함께 살고 있습니까?

___ ① 장남 또는 맏며느리 ___ ② 그 외의 아들 또는 며느리

___ ③ 딸 또는 사위 ___ ④ 부모님만 따로 살고 있다

___ ⑤ 기타 친척 ___ ⑥ 기타(   )

D3. 귀하는 중국에 같이 사는 (초중고교 연령대) 자녀가 있습니까?

___ ① 예(큰아이가 12세 이하) ___ ② 예(큰아이가 13세 이상)

___ ③ 아니오(☞ D4 문항으로)

D3.1. 귀하의 (초중고교 연령대) 자녀는 다음 중 어느 유형의 학교에 재학 중입니까?

___ ① 중국 현지학교 ___ ② 한국학교(중국 소재) ___ ③ 국제학교(중국 소재)

___ ④ 초중고교 학령기이지만 학교에 다니지 않는다

___ ⑤ 초중고교 학령기 자녀가 없다

D4. 중학교 연령대 이상의 자녀와 중국에서 같이 살고 계신 분만 응답하여 주십시오 (초등학교 연령대 또는 그 이하 연령대 자녀만 있거나, 자녀가 없는 분은 이 문항을 건너뛰시면 됩니다) 귀하 가족의 부모-자식 간 갈등의 크기는 얼마나 큰 편입니까? 1명 이상의 청소년 또는 그 이상 연령대 자녀를 두신 부모님은 귀하(또는 배우자)와 청소년기 장남·장녀의 관계를 기준으로 다음 항목에 답해주십시오.

부모-자식 간 갈등의 크기	전혀 없다	거의 없는 편이다	약간 있다	다소 큰 편이다	매우 크다	비해당
1. 문화적 전통 보전	___ ①	___ ②	___ ③	___ ④	___ ⑤	___ ⓪
2. 아들 또는 딸로서의 도리	___ ①	___ ②	___ ③	___ ④	___ ⑤	___ ⓪
3. 가족 관계가 너무 가까운 것	___ ①	___ ②	___ ③	___ ④	___ ⑤	___ ⓪
4. 가족 관계가 너무 먼 것	___ ①	___ ②	___ ③	___ ④	___ ⑤	___ ⓪
5. 가족과 함께 시간을 보내는 정도	___ ①	___ ②	___ ③	___ ④	___ ⑤	___ ⓪
6. 집안일을 돕는 정도	___ ①	___ ②	___ ③	___ ④	___ ⑤	___ ⓪
7. 공부·학업에 시간을 보내는 정도	___ ①	___ ②	___ ③	___ ④	___ ⑤	___ ⓪
8. 여가·오락에 시간을 보내는 정도	___ ①	___ ②	___ ③	___ ④	___ ⑤	___ ⓪

부모-자식 간 갈등의 크기	전혀 없다	거의 없는 편이다	약간 있다	다소 큰 편이다	매우 크다	비해당
9. 학업 성적의 중요성	__ ①	__ ②	__ ③	__ ④	__ ⑤	__ ⓪
10. 학교 선정	__ ①	__ ②	__ ③	__ ④	__ ⑤	__ ⓪
11. 대학 전공 선택	__ ①	__ ②	__ ③	__ ④	__ ⑤	__ ⓪
12. 장래 직업 선택	__ ①	__ ②	__ ③	__ ④	__ ⑤	__ ⓪
13. 데이트 상대	__ ①	__ ②	__ ③	__ ④	__ ⑤	__ ⓪
14. 결혼 적령기	__ ①	__ ②	__ ③	__ ④	__ ⑤	__ ⓪
15. 결혼 상대	__ ①	__ ②	__ ③	__ ④	__ ⑤	__ ⓪
16. 데이트 또는 결혼 상대의 민족	__ ①	__ ②	__ ③	__ ④	__ ⑤	__ ⓪

D5. 다음 사항들이 지난 5년간 귀하의 가족 내에서 어느 정도 문제가 되었는지 ✔ 표시해주십시오.

	전혀 없다	거의 없는 편이다	약간 있다	다소 큰 편이다	매우 크다
1. 부부갈등	__ ①	__ ②	__ ③	__ ④	__ ⑤
2. 부자간 갈등	__ ①	__ ②	__ ③	__ ④	__ ⑤
3. 아동학대	__ ①	__ ②	__ ③	__ ④	__ ⑤
4. 배우자 학대	__ ①	__ ②	__ ③	__ ④	__ ⑤
5. 자녀교육	__ ①	__ ②	__ ③	__ ④	__ ⑤
6. 학교 폭력	__ ①	__ ②	__ ③	__ ④	__ ⑤
7. 청소년 약물 복용	__ ①	__ ②	__ ③	__ ④	__ ⑤
8. 청소년 범죄	__ ①	__ ②	__ ③	__ ④	__ ⑤
9. 도박	__ ①	__ ②	__ ③	__ ④	__ ⑤
10. 성폭행	__ ①	__ ②	__ ③	__ ④	__ ⑤
11. 정신건강	__ ①	__ ②	__ ③	__ ④	__ ⑤
12. 성인 약물 복용·중독	__ ①	__ ②	__ ③	__ ④	__ ⑤
13. 성인 알코올 복용·중독	__ ①	__ ②	__ ③	__ ④	__ ⑤

D6. 귀하는 가족 관계의 다음 각 항목에 대하여 어느 정도 만족하십니까?

가족 관계 만족도	매우 불만이다	다소 불만인 편이다	만족도 불만도 아니다	다소 만족하는 편이다	매우 만족한다	해당 없음
1. 배우자와의 관계	①	②	③	④	⑤	⓪
2. 자녀와의 관계	①	②	③	④	⑤	⓪
3. 자기 부모와의 관계	①	②	③	④	⑤	⓪
4. 배우자 부모와의 관계	①	②	③	④	⑤	⓪
5. 형제자매와의 관계	①	②	③	④	⑤	⓪
6. 배우자의 형제자매와의 관계	①	②	③	④	⑤	⓪
7. 가족생활 전반	①	②	③	④	⑤	⓪

D7. 현재 직장, 학업 등의 이유로 타 지역(국외 포함)에 사는 배우자나 미혼자녀가 있습니까?
있으면 그 인원수를 적어주십시오.

___ ① 있다 → [총 ____명] ___ ② 없다(☞ D8 문항으로)

D7.1. 따로 사는 배우자나 미혼자녀의 국내·외 거주 여부, 거주지역, 따로 사는 이유·기간을
다음 항목 코드에서 골라 해당 번호를 각각 기재해 주십시오.

	가. 국내·외 거주 여부	나. 거주 지역	다. 따로 살고 있는 이유	라. 따로 살고 있는 기간
1. 배우자	___	___	___	___
2. 자녀1	___	___	___	___
3. 자녀2	___	___	___	___
4. 자녀3	___	___	___	___

※ 항목 코드

가. 국내·외 거주 여부	① 국내 ② 국외	
나. 거주 지역	국내	① 베이징北京 ② 톈진天津 ③ 허베이河北 ④ 네이멍구內蒙古 ⑤ 산시山西 ⑥ 산둥山东 ⑦ 상하이上海 ⑧ 저장浙江 ⑨ 장쑤江苏 ⑩ 안후이安徽 ⑪ 광둥广东 ⑫ 푸젠福建 ⑬ 광시广西 ⑭ 하이난海南 ⑮ 허난河南 ⑯ 후베이湖北 ⑰ 후난湖南 ⑱ 장시江西 ⑲ 쓰촨四川 ⑳ 충칭重庆 ㉑ 쿤밍昆明 ㉒ 구이저우贵州 ㉓ 랴오닝辽宁 ㉔ 지린吉林 ㉕ 헤이룽장黑龙江 ㉖ 닝샤宁夏 ㉗ 산시陕西 ㉘ 칭하이青海 ㉙ 간쑤甘肃 ㉚ 신장新疆 ㉛ 시장西藏 ㉜ 홍콩香港 ㉝ 마카오澳门 ㉞ 대만台湾 ㉟ 윈난云南
	국외	(51) 한국 (52) 북한 (61) 일본 (62) 미국 (63) 영국 (64) 기타 나라( )
다. 따로 살고 있는 이유	① 직장(직업·일자리) ② 학업(학교, 취직준비 등) ③ 가족 간 불화(별거 등) ④ 건강상의 이유(요양 등) ⑤ 자녀교육 지원 ⑥ 군대 ⑦ 기타	
라. 따로 살고 있는 기간	① 6개월 미만 ② 6개월~11개월 ③ 1년~1년 11개월 ④ 2년~2년 11개월 ⑤ 3년~4년 11개월 ⑥ 5년 이상	

E. 사회참여

E1. 귀하의 종교는 무엇입니까? (하나만 고르세요)

__ ① 없다(☞ E4 문항으로) __ ② 불교 __ ③ 도교 __ ④ 유교

__ ⑤ 가톨릭(천주교) __ ⑥ 개신교 __ ⑦ 이슬람교

__ ⑧ 기타 종교(   )

E2. 귀하는 얼마나 자주 절·교회·예배당 등에 가십니까?

__ ① 일 주일에 두 번 이상 __ ② 일 주일에 한 번 정도

__ ③ 한 달에 한 번 정도 __ ④ 신앙의 중요 명절만 __ ⑤ 안 다닌다

E3. 귀하가 다니는 절·교회·예배당 등의 신자의 민족 구성은 어떠합니까? (% 수치로 적어주세요. 해당 없으면 0을 적으시면 됩니다.)

    ① ____% 조선족
    ② ____% 한족
    ③ ____% 기타 소수민족
    ④ ____% 한국인
    ⑤ ____% 북한인
 + ⑥ ____% 기타 외국인(어느 나라?)

 = ⑦ 100% 합계

E3.1. 신앙생활을 하시면서 귀하의 절·교회·예배당 등을 찾는 까닭은 무엇입니까? 해당하는 것을 중요한 순서대로 3개까지 골라 그 번호를 적어주시기 바랍니다.

    첫째 ____   둘째 ____   셋째 ____

① 신을 섬기기 위해 ② 생활에서 가장 중요하다 ③ 다른 한국인들을 만나며 정보를 얻을 수 있는 중요한 곳 ④ 자녀들에게 바른 도덕을 가르치기 위해 ⑤ 자녀들에게 한국 문화를 가르치기 좋은 곳 ⑥ 자녀들에게 중화 문화를 가르치기 좋은 곳 ⑦ 주말을 보내기 좋은 곳 ⑧ 기타(   )

E4. 귀하는 연간 수입 중 일부를 종교기관 또는 사회단체에 기부하십니까? (지난 1년 기준) 해당하는 곳에 모두 ✔ 표시하여 주시기 바랍니다.

    __ ① 기부하지 않는다(☞ E5 문항으로)
    __ ② 종교기관에 기부한다
    __ ③ 사회단체에 기부한다

E4.1. 귀하는 연간 수입의 몇 퍼센트를 종교기관에 기부하십니까? ____%

E4.2. 귀하는 연간 수입의 몇 퍼센트를 사회단체(복지기관 등)에 기부하십니까? ____%

E5. 귀하는 지난 1년간 중국에서 단체에 참가하여 활동한 적이 있습니까? 해당하는 것을 중요한 순서대로 3개까지 골라 그 번호를 적어주시기 바랍니다.

첫째 ＿＿＿ 둘째 ＿＿＿ 셋째 ＿＿＿

① 친목 및 사교단체(계·동창회 등)   ② 종교단체
③ 취미·스포츠·레저단체   ④ 시민사회단체(환경단체·봉사단체 등)
⑤ 학술단체   ⑥ 이익단체(노동조합·협회 등)
⑦ 정치단체   ⑧ 아무 데도 참여하지 않았다

E6. 귀하는 다음 한국인 사회의 단체 또는 모임에 참여하십니까?
해당하는 것에 모두 ✔ 표시하십시오.

＿＿ ① 한국인회   ＿＿ ② 친목 및 사교단체
＿＿ ③ 종교단체   ＿＿ ④ 취미·스포츠·레저단체
＿＿ ⑤ 시민사회단체(환경단체·봉사단체 등)
＿＿ ⑥ 학술단체   ＿＿ ⑦ 이익단체   ＿＿ ⑧ 정치단체
＿＿ ⑨ 아무 데도 참여하지 않았다(한국인 사회의 단체 또는 모임)

E7. 귀하는 한국인 모임에 얼마나 적극적으로 참여하십니까? 아니면 소극적 참여, 또는 참여하지 않습니까?

＿＿ ① 적극적으로 참여한다(☞ E8 문항으로)
＿＿ ② 소극적으로 참여한다
＿＿ ③ 참여하지 않는다

E7.1. (한국인 모임에 참여하지 않거나 소극적으로 참여한다면) 귀하가 한국인 모임에 참여하시지 않거나 소극적으로 참여하시는 이유는 무엇입니까? 가장 중요한 것 하나만 골라주십시오.

＿＿ ① 연고가 없어서   ＿＿ ② 도움이 되지 않아서
＿＿ ③ 경제적인 여유가 부족해서
＿＿ ④ 관심이 없어서   ＿＿ ⑤ 시간이 없어서
＿＿ ⑥ 기타(   )

E7.2. (한국인 모임에 참여하지 않거나 소극적으로 참여한다면) 귀하는 향후 새로운 한국인 단체
또는 모임에 참여할 의향이 있습니까? (☞ E8 문항으로)

　 __ ① 있다 　 __ ② 없다

E7.3. (향후 새로운 한국인 단체 또는 모임에 참여할 의향이 있다면) 귀하는 어떤 단체 또는 모임
에 참여하길 원하십니까? 해당하는 것에 모두 ✔ 표시하십시오. (☞ 응답 후 E8 문항으로)

　 __ ① 친목 및 사교단체 　 __ ② 종교단체 　 __ ③ 취미·스포츠·레저단체
　 __ ④ 시민사회단체(환경단체·봉사단체 등) 　 __ ⑤ 학술단체
　 __ ⑥ 이익단체 　 __ ⑦ 정치단체

E8. 귀하는 한국인 단체 또는 모임의 가장 큰 문제점은 무엇이라고 보십니까?

　 __ ① 관련 활동 저조 　 __ ② 단체 자체의 고령화 　 __ ③ 열악한 재정
　 __ ④ 한국인 모임 간의 과도한 경쟁 및 분열
　 __ ⑤ 체계적이지 못한 조직 구조
　 __ ⑥ 기타(　　　　　　　)
　 __ ⑦ 모임(또는 단체)이 결성되어 있지 않다

E9. 귀하가 중국에서 생활하면서 가장 역점을 두는 사회적 관계는 다음 중 어느 것입니까?
중요한 순서대로 3개까지 골라 그 번호를 적어주시기 바랍니다.

　 첫째 _____ 둘째 _____ 셋째 _____

① 중국 권력기관 인사 네트워크 ② 중국 전문가 네트워크
③ 중국측(인) 비즈니스 네트워크 ④ 조선족 네트워크
⑤ 한국인회(한국상회) ⑥ 종교단체 모임 ⑦ 동창회 ⑧ 향우회
⑨ 취미·문화 동호회 ⑩ 인터넷(사이버) 동호회 ⑪ 계 모임
⑫ 동종 직업인 모임 ⑬ 현지 진출 공공기관 관련 모임
⑭ 현지 한인사회 언론매체 ⑮ 중국 언론매체
⑯ 기타(　　　　　　　　　　　)

E10. 다음에 열거한 주요 직업 21개 중 귀하와 관련된 것에 ✔ 표시하여 주십시오.

1. 귀하의 '가족, 친·인척' 중 다음 직업(또는 그와 유사한 직업)을 가진 사람이 중국에 있습니까? 해당하는 직업에 모두 ✔ 표시해주세요.

2. 가까운 '친구나 선·후배' 중 다음 직업을 가진 사람이 중국에 있습니까? 해당하는 직업에 모두 ✔ 표시해주세요.

3. 서로 잘 알지만 거의 만나지 않는 '아는 사람' 중 다음 직업을 가진 사람이 중국에 있습니까? 해당하는 직업에 모두 ✔ 표시해주세요.

주요 직업 21개	해당하는 직업 모두에 ✔ 표시		
	1. 가족·친인척	2. 친구·선후배	3. 아는 사람
① 변호사(판검사·회계사·변리사 포함)	―	―	―
② 전문 기술 엔지니어	―	―	―
③ 경영자	―	―	―
④ 기업 과장	―	―	―
⑤ 자영업자	―	―	―
⑥ 노동조합 간부	―	―	―
⑦ 교사	―	―	―
⑧ 보험설계사	―	―	―
⑨ 비서	―	―	―
⑩ 판매원·외판원	―	―	―
⑪ 사무 기계 조작원	―	―	―
⑫ 하급 사무원	―	―	―
⑬ 조장·반장	―	―	―
⑭ 숙련공	―	―	―
⑮ 기계정비공·카센터수리공	―	―	―
⑯ 기계운전공·기계 제작공	―	―	―
⑰ 경비원·순찰원	―	―	―
⑱ 웨이터·바텐더	―	―	―
⑲ 수위·짐꾼	―	―	―
⑳ 단순노무자·건설노동자	―	―	―
㉑ 농어민	―	―	―

E11. 귀하는 다음과 같은 상황이 발생했을 때 도움을 청할 수 있는 사람(가족·친척·친구·이
웃·직장동료 등)이 중국에 몇 명 있습니까?

	있다		없다
1. 몸이 아파 집안일을 부탁할 경우	__ ①	→ [총 ___ 명]	__ ②
2. 갑자기 목돈을 빌릴 일이 생길 경우	__ ①	→ [총 ___ 명]	__ ②
3. 낙심하거나 우울해서 이야기 상대가 필요한 경우	__ ①	→ [총 ___ 명]	__ ②

F. 한국과의 관계

F1. 귀하는 얼마나 자주 한국에 갑니까? 가장 가까운 것을 하나만 골라주세요.

__ ① 1년에 두 번 이상   __ ② 1년에 한 번   __ ③ 지난 3년에 한 번

__ ④ 지난 5년에 한 번   __ ⑤ 5년 이상 지났다

F2. 귀하는 현재 한국에서 다음과 같은 경제활동을 합니까? 해당하는 것에 모두 ✔ 표시하십시오.

__ ① 일자리가 있다   __ ② 개인 은행계좌가 있다

__ ③ 건물·토지·주택 등 부동산 자산이 있다

__ ④ 한국 내 기업에 소유지분을 갖고 있다

__ ⑤ 한국에 주식·채권이 있다

__ ⑥ 기타 경제활동(   )

__ ⑦ 경제활동 하지 않음(학생, 단순 친지방문 등)

F3. 한국에서 귀하가 종사했던 직업은 다음 중 무엇입니까? 여러 직업에 종사했더라도 가장 중요
한 것 하나만 골라주십시오.

__ ① 서비스종사자(관광 가이드, 음식점 종업원, 간병인 등)

__ ② 판매 종사자(가게운영, 세일즈맨, 보험설계사 등)

__ ③ 농림어업 종사자   __ ④ 기능종사자(기능·숙련공)

__ ⑤ 기계 조작 및 조립종사자

__ ⑥ 가사 관련 단순 노무자(가정부, 파출부, 보육사 등)

__ ⑦ 기타 단순 노무자(미숙련 공장노동자, 건설노동자, 등 육체 노동자)

__ ⑧ 사무종사자(일반 행정사무 등)

__ ⑨ 전문가 및 관련 종사자(대학교수, 변호사, 의사, 약사, 간호사, 엔지니어, 유치원·학교 교사, 학원 강사, 통·번역사, 컴퓨터 프로그래머 등)

__ ⑩ 임직원 및 관리자(기업가, 고급공무원, 교장, 기업체 임원 등)

__ ⑪ 기타 직업(   ) __ ⑨① 가사종사자(주부)

__ ⑨② 학생 __ ⑨③ 의무복무 군인 __ ⑨④ 정년퇴직자·연금생활자

__ ⑨⑤ 실업자 __ ⑨⑥ 기타 사유 미취업자

G. 일상생활

G1. 귀하는 일주일에 며칠 정도 인터넷을 하십니까?

__ ① 전혀 하지 않음(☞ G2 문항으로) __ ② 1~2일

__ ③ 3~4일 __ ④ 5~6일 __ ⑤ 매일

G1.1. (인터넷을 사용한다면) 귀하는 인터넷으로 주로 무엇을 합니까?

해당하는 것을 모두 골라주세요.

__ ① 자료·정보 획득 __ ② 이메일 __ ③ 채팅

__ ④ 인터넷 전화 __ ⑤ 영화·게임 등 여가활동

__ ⑥ 교육·학습 __ ⑦ 인터넷 쇼핑 __ ⑧ 인터넷 뱅킹(은행거래)

__ ⑨ 동호회·커뮤니티 활동 __ ⑩ 기타(   )

G2. 귀하의 집에서 인터넷 연결이 가능합니까?

__ ① 가능하다 __ ② 불가능하다

G3. 귀하는 주요 정보(뉴스, 전문 지식 등)를 주로 어떤 언어로 취득하십니까? 해당하는 것을 중요한 순서대로 3개까지 골라 그 번호를 적어주시기 바랍니다.

첫째 _____ 둘째 _____ 셋째 _____

① 중국어 ② 한국어 ③ 영어 ④ 일본어 ⑤ 기타 언어(   )

G4. 귀하는 중국에서 생활하면서 다음 업소나 서비스를 얼마나 자주 이용하십니까?

	전혀 이용하지 않는다	가끔 이용한다	종종 이용한다	자주 이용한다	항상 이용한다
1. 한국 식료품점	__ ①	__ ②	__ ③	__ ④	__ ⑤
2. 중국 식료품점	__ ①	__ ②	__ ③	__ ④	__ ⑤
3. 한국 음식점	__ ①	__ ②	__ ③	__ ④	__ ⑤
4. 중국 음식점	__ ①	__ ②	__ ③	__ ④	__ ⑤
5. 한국 술집	__ ①	__ ②	__ ③	__ ④	__ ⑤
6. 중국 술집	__ ①	__ ②	__ ③	__ ④	__ ⑤
7. 골프 연습장	__ ①	__ ②	__ ③	__ ④	__ ⑤
8. 골프장(필드)	__ ①	__ ②	__ ③	__ ④	__ ⑤

G5. 다음 각 묶음에서 우리나라의 장기적 국가목표로 가장 중요하다고 생각하시는 것과 두 번째로 중요하다고 생각하시는 것을 하나씩 선택하여 네모 안에 그 번호를 적어주십시오.

가.   첫째 [   ]   둘째 [   ]

① 높은 경제성장 유지 ② 직장과 사회에서 발언권 증대
③ 방위력 증강 ④ 환경 개선

나.   첫째 [   ]   둘째 [   ]

① 언론자유 보장 ② 물가·인플레 억제
③ 정부 정책결정에 발언권 증대 ④ 사회의 질서 유지

다.   첫째 [   ]   둘째 [   ]

① 경제 안정 ② 좀 더 인간적인 사회로의 발전
③ 각종 범죄 소탕 ④ 돈보다 아이디어가 중요시되는 사회

G6. 귀하의 전반적인 건강상태는 어떻습니까?

__ ① 매우 나쁘다 __ ② 나쁜 편이다 __ ③ 좋지도 나쁘지도 않다
__ ④ 좋은 편이다 __ ⑤ 매우 좋다

G7. 귀하의 생활을 전반적으로 고려할 때, 귀하는 현재 삶에 어느 정도 만족합니까?

__ ① 매우 불만이다 __ ② 다소 불만인 편이다 __ ③ 만족도 불만도 아니다
__ ④ 다소 만족하는 편이다 __ ⑤ 매우 만족한다

G8. 귀하의 현재 생활 만족도는 '한국에서 그대로 있었을 때 기대되는 생활만족도'와 비교하면
어떻습니까?

__ ① 크게 낮다 __ ② 약간 낮다 __ ③ 같다
__ ④ 약간 높다 __ ⑤ 크게 높다

G9. 귀하의 중국에 대한 인상은 중국에 오시기 전과 비교할 때 어떻게 바뀌었습니까?

__ ① 크게 나빠졌다 __ ② 나빠진 편이다 __ ③ 그대로다
__ ④ 좋아진 편이다 __ ⑤ 크게 좋아졌다

G10. 만약 귀하의 가족이나 친척이 중국으로 이주하고자 한다면, 귀하는 어떻게 하시겠습니까?

__ ① 적극 말린다 __ ② 말리는 편이다 __ ③ 보통이다
__ ④ 권하는 편이다 __ ⑤ 적극 권한다

귀중한 시간을 내어 응답하여 주셔서 감사합니다.

부록 2
외국인 관리행정 체계[66]

1. 외국인 관리행정 제도의 함의

외국인은 본국 국적을 갖지 않은 자연인과 법인을 가리킨다. 중국의 출입국 관리 중 외국인의 개념은 주로 중국 국적을 갖지 않은 자연인을 가리키며, 외국 국적을 가진 자와 무국적자를 포함한다. 이러한 외국인에 대한 개념은 국제적으로 통용되는 외국인의 개념과 일치하는 것이다. 외국인 관리행정 제도는 제도화된 외국인 관리체제 및 외국인 권리 의무관계의 총화로써 다음과 같은 네 가지 내용을 포함한다.

우선, 제도화된 외국인 관리행정 체제, 즉 정부의 외국인 관리상의 분업, 기구설치, 인원 배치와 행정절차 등의 제도를 포함한다. 다음으로, 외국인의 신분을 확인하는 제도, 즉 외국인 국적의 확인, 외국인의 외교적 지위 확인, 그리고 외국인의 입국 사유 확인 등의 제도를 포함한다. 다음, 외국인의 권리와 의무를 규정하는 제도, 즉 외국인 대우제도, 외국인 입국과 경유 비자제도, 거류 제도와 거류권 제도 등을 포함한다. 마지막으로 이민제도와 난민제도를 포함한다.

2. 외국인 관리행정 체제의 특징: 공안부 전담

중국의 외국인 관리행정 체제는 다른 국가가 이민청과 같은 전담부

---

66) 본 내용은 「「이민행정기관의 조직과 운영에 관한 국제비교」, 한국이민학회, 2018.'의 '김윤태·예성호, 「중국의 외국인 관리제도와 관리행정조직」, 『한국이민학』, 제4권 제2호, 한국이민학회, 2013.'을 수정, 보완한 것임.

서를 설치 운영하는 것과는 달리, 공안부公安部와 외교부外交部가 전담하고 기타 관련 부서가 사안별로 협조하는 특징을 갖고 있다. 즉, 공안부와 외교부를 주관기관으로 삼고, 교육부國家敎育委員會, 노동부勞動部, 인력자원과 사회보장부人力資源和社會保障部, 상무부商務部, 국가공상총국國家工商總局, 국가관광국國家旅遊局, 민정부民政部 등을 보조 관리기관으로 삼아, 각각 서로 다른 외국인 관리업무를 관장한다. 그러나 일반적으로 외국인 관리업무는 공안부 출입국관리국이 책임지고 진행한다고 볼 수 있다.

각 관련 부서는 다음과 같이 업무를 분담하고 있다. 우선, 외교부 외국 주재 영사관은 중국 국경 밖 외국인의 입국, 경유 등 비자의 신청, 입국 정주定居의 신청, 외국인의 신분확인 등의 관리업무를 전담한다. 다음으로 공안부 출입국관리국은 항구에서 외국인의 입국비자, 외국인의 입출국 변방邊防검사를 전담하며, 내지에서 이미 입국한 외국인의 재입국 비자 신청에 대한 관리업무를 담당한다. 동시에 공안부 출입국 관리국은 또한 중국 경내의 외국인 비자 연기, 거류자격 심사, 거류관리, 여행관리와 출국관리 등 다량의 외국인 관리업무를 담당한다. 교육부, 노동부, 인력자원과 사회보장부, 상무부, 국가공상총국, 국가관광국, 민정부 등 부서는 중국 내 외국인이 거류 기간 중 유학, 취업, 경제활동, 투자, 관광, 원조 등 구체적 업무에 관련되었을 때 외국인의 관리업무에 참여한다.

상기와 같이, 중국의 외국인 관리체제는 다른 국가와는 구별되는 특징을 갖고 있다. 일반적으로 다른 국가의 외국인 관리업무는 경찰기구인 공안 부서를 주관기관으로 삼는 것이 아니라, 이민국 혹은 출입국관리국이라고 칭하는 전문화된 관리부서가 담당한다. 이러한 전문화된 관리행정 체제는 한편으로는 출입국 관리와 국가 외사권의 행사에 유리하며, 또 한편으로는 상대적으로 독립된 출입국 관리업무의 전개에 유리할 수 있다.

3. 외국인 신분확인제도

외국인의 신분확인은 외국인 관리 행정제도 중 매우 중요한 위치와 의의가 있다. 외국인 신분에 관한 확인은 외국인에 대한 향후 관리조치를 어떻게 취하느냐를 결정하는 선행요건이기 때문이다. 외국인의 신분확인제도는 주로 외국인의 국적확인, 외국인의 외교적 지위 확인, 그리고 외국인의 입국 사유 확인 등을 포함한다.

외국인의 국적확인에 관하여, 중국은 자국의 국적법에 근거하는 외에도 가입된 국제협약을 준수한다. 예를 들면, 1930년의『국적법 충돌 문제에 관한 국제협약』즉, 헤이그 협약 및 1954년의『무국적자의 지위에 관한 국제협약』을 준수한다. 중국 역시 세계의 대부분 국가와 마찬가지로 이러한 국제협약에 가입함으로써 기본적으로 통일된 기준으로 외국인의 국적확인을 진행한다.

외국인의 외교관 신분에 관한 확인은 외교관 신분을 가진 외국인이 외교특권 혹은 영사 보호권을 누릴 수 있도록 하는 데 필요하다. 중국은 1946년의『연합국 특권과 사면협약』, 1947년의『전문기구특권과 사면협약』, 1961년의『비엔나 외교 관계 협약』과 1963년의『비엔나 영사 관계 협약』등 국제협약에 따라 외교관 신분에 관한 확인을 진행한다.

외국인의 입국 사유에 따른 신분확인은 외국인이 입국한 후의 체류, 거류관리의 근거가 된다. 일반적으로 모든 국가는 외국인이 비자를 신청할 때 입국 사유를 설명하도록 요구하며 그 사유를 비자 상에 밝혀

둔다. 외국인이 비자를 신청할 때 신고하고 허가된 입국 사유는 곧 외국인의 입국 사유에 따른 신분이 된다. 외국인은 입국 후 반드시 입국 사유 신분에 따라 상응하는 활동을 해야 하며 입국 사유 신분과 일치되지 않는 기타 행위를 해서는 안 된다. 예를 들면, 여행 사유로 비자를 신청하고 여행 비자를 취득한 외국인은 취업, 방문, 선교 등 기타 활동을 할 수 없다. 이러한 상황 역시 중국은 세계 각국의 제도와 기본적으로 일치된 원칙에 의해 관리한다.

4. 외국인의 권리와 의무제도

가. 외국인 대우와 관련된 제도

외국인 대우와 관련된 제도는 일반적으로 국민 대우, 차별대우와 최혜국대우를 포함한다. 외국인에게 국민 대우와 차별대우를 한다는 것은 일반적으로 본국 국민의 권리와 의무를 기준으로 한다. 만약 외국인에 대한 대우가 본국 국민과 같다면 국민 대우를 하는 것이고, 만약 외국인에 대한 대우가 본국 국민보다 낮으면 차별대우를 하는 것이다. 정상적인 상황에서 외국인에 대한 대우는 본국 국민에 대한 대우를 초과하지 않는다. 외국인에 대한 최고 대우의 기준은 국민 대우이며 중국 역시 이와 같다. 또한, 일반적으로 외국인에 대하여 국민 대우를 한다 해도 그 대우의 기준은 정치적 권리 이외의 권리에 국한한다. 즉 정치적 권리를 제외한 기타 권리에 대한 국민 대우이다. 예를 들면, 중국은 외국인에게 선거권과 피선거권, 집회, 시위와 결사 등과 같은 정치적 권리를 부여하지 않는다. 그러나 생명, 건강, 재산, 존엄과 인신 자유 등에 있어서는 외국인에게 중국 국민과 동등한 권리와 의무를 부여하며 중국 법률의 보호와 제약을 받게 한다. 이는 국제적으로 통용되는 외국인 대우제도와 일치하는 것이다. 그러나 홍콩의 경우는 외국인에게 비교적 완전한 국민 대우를 한다. 예를 들면 홍콩 거류권을 가진 주민은 중국 국적의 소유 여부를 막론하고 선거권과 피선거권을 가지며, 홍콩 거주 외국인은 비준을 거쳐 결사와 정기 집회 등을 할 수 있다. 물론 어느 국가를 막론하고 외국인에게 완전한 국민 대우를 할 수는 없다.

국제적으로 외국인에게 차별 대우를 하는 것은 정상적인 일이다. 외국인에 대한 차별대우의 범위와 정도는 일반적으로 국제관례, 국제협약, 국가 간의 조약과 국내법률에 근거하여 결정한다. 예를 들면, 일반적으로 국외추방의 처벌은 외국인에게 적용하지 본국 국민에게 적용하지는 않는다. 또한, 비록 중국이 취업에 있어서 외국인에게 갈수록 확대 개방하지만, 여전히 차별 대우를 하는 것도 또 다른 예이다.

외국인에 대한 대우가 본국 국민 대우를 초과하는 때도 적지 않다. 일반적으로 발전도상국의 경우 외국인의 투자를 유치하고 경제성장을 촉진하기 위해 특히 선진국과 우호적인 외교 관계를 갖기 위해 외국인에 대한 보호를 본국 국민보다 우선하는 소위 초국민 대우를 하는 때도 있다. 중국은 외국인에 대해 일반적으로 인신 자유를 제한하는 행정처벌을 적용하지 않는다. 또한, 외국인의 인신 자유에 대한 처벌과정도 본국 국민보다 복잡한 것 등이 바로 초국민 대우의 좋은 예라고 할 수 있다.

외국인에게 최혜국대우를 한다는 것은 외국인의 권리와 의무에 있어서, 동일국가 내에 거주하는 서로 다른 국적의 외국인 간에 차이를 두지 않는 것을 말한다. 즉 국적에 따라 차별대우를 하지 않는다는 것이다. 중국은 WTO 가입과 더불어 모든 WTO 가입 회원국과 경제무역

방면에서 서로 최혜국대우를 하고 있으며 그로 인하여 중국의 외국인 관리제도 또한 일련의 개혁이 불가피하게 되었다.

나. 입국 비자제도와 출국제도

입국관리는 외국인의 입국, 입국비자의 발급과 외국인 입국 불허 및 비자발급 제한 등을 포함한다. 출국관리는 외국인의 정상적인 출국, 출국 제한 및 강제 출국 등을 포함한다.

비자는 국가 주권의 구체적 표현으로, 주권국가가 외국인에게 입국 허가 혹은 경유 허가의 증명을 발급해 주는 행위를 가리킨다. 외국인은 일반적으로 목적지 외교부서의 입국비자를 받아야만 입국할 수 있다. 그러나 특수한 상황에서 목적지의 국경에서 현지비자를 신청할 수 있다. 혹은 목적국의 규정에 따라 무비자 입국도 가능하다. 각국은 '블랙리스트'상에 등록된 외국인의 본국 입국을 받아들이지 않는다.

국제적으로 통행 되는 비자표준은 서로 대등한 것이다. 그러나 일부 국가는 일방적으로 특정 국가에 대하여 무비자 입국을 허용한다. 선진국 간에는 보편적으로 상호 무비자 협정이 체결되어 있다. EU 회원국 간 무비자 협정, 홍콩과 세계 여러 나라와의 단기 무비자 협정 등이 좋은 예이다. 그러나 중국은 이러한 예에 속하지 않는다. 현재 극히 일부 국가만이 중국의 공무 여권 소지자에게 비자 면제 정책을 시행하고 있을 뿐, 어느 나라도 중국의 일반여권 소지자에 대해 비자 면제 정책을 채택하고 있지 않다. 따라서 호혜 평등의 국제교류 원칙을 유지하기 위해, 중국 역시 공무가 아닌 사적 목적으로 입국하는 모든 외국인에게 원칙적으로 입국비자를 요구하고 있다. 그러나 중국의 관광업 발전을 위해 외국인에 대한 입국관리에서는 상대적으로 탄력적인 제도를 운용하고 있다. 예를 들면, 중국은 경제특구인 선전深圳, 주하이珠海 특구 내에서 여행하는 외국인에 대해서는 일방적으로 단기 무비자 입국을 허용해 주고 있다. 그뿐만 아니라 하이난다오海南島 범위 내에서 비교적 장기간의 무비자 입국을 허용하는 제도 또한 탄력적 운용의 대표적 예이다.[67] 하이난다오는 중국의 성급 지역이긴 하지만 해협을 사이로 중국 본토와 서로 떨어져 있어서 대외지향적 외국인 관리제도를 수용하기는 상대적으로 편리한 점이 작용했을 것이다. 하이난다오의 경제를 발전시키기 위해서, 외국인의 입출국을 편리하게 하는 방식 등을 통해 국제화 발전을 강화해야 한다는 의지가 반영되었을 것이다.[68] 편리한 입국방식으로 외국인의 관광과 투자를 유치하고 이를 통해 본국의 경제발전을 꾀하는 방식은 이미 전 세계의 추세가 되었다.

외국인이 정상적으로 출국한다는 것은 외국인이 중국에서 법률을 준수했고 비자 유효기간 내에 자동으로 출국했다는 의미이다. 국제적으로 외국인의 정상적인 출국은 어떠한 제약도 받지 않는다. 다만 극소수의 국가만이 외국인의 출국 시 출국허가를 요구한다. 대다수 국가가 가입하고 있는 『시민권리 및 정치권리 국제협약』에서 규정한 시민의 기본적 권리 중 하나는 "본국을 포함한 어떤 국가라도, 자유롭게 출국할 수 있다"이다.[69]

외국인의 출국을 제한하는 것은 외국인이 민사, 경제적 마찰, 혹은 범죄혐의 등에 연루되어 있을 때, 사법기관이 공식적으로 통지하여 잠시 그 출국을 제한하는 것을 가리킨다. 외국인의 강제 출국은 외국인이

---

67) 하이난다오에 입국할 경우, 5인 이상 단체일 경우에는 무비자 입국이 가능하다. 하지만 4인 이하의 경우에는 현지에서 도착 비자를 발급받으면 된다. 또한, 하이난으로 입국하여 하이난에서 출국하는 경우는 선박이나 국내선을 이용 중국 내지여행에 있어서도 비자를 다시 받을 필요가 없다.

68) 龙章安, 「关于在海南岛实行外国人免签入境的构想」, 『公安研究』, 2005(12).

69) 王铁崖·田如萱, 「公民及政治权利国际盟约」, 『国际法资料选编』, 北京, 法律出版社, 1981.

법률을 위반하거나 양국의 정치적인 원인에 의해서 그 체류기한을 단축해 조기 출국시키거나 혹은 직접 강제 출국시키는 조치를 가리킨다. 이러한 것은 국제적으로 통용되는 방법이며 중국도 예외가 아니다.

다. 경유와 체류제도

외국인의 경유는 외국인의 여행목적지가 해당 국가가 아니지만, 반드시 해당 국가를 경유해야 하거나 혹은 경유를 희망하는 경우를 말한다. 일반적으로 외국인은 위해危害가 없는 상황에서 비자의 허가를 거쳐 해당 국가를 경유하거나 잠시 체류할 수 있다. 일반적으로 외국인의 경유 체류 시간은 7일을 초과하지 않는다.

외국인의 체류제도는 외국인이 비자를 가지고 입국한 후 단기 체류하는 행위를 관리하는 제도를 가리킨다. 통상적으로 체류 기간은 6개월 이내가 된다. 단기 체류의 외국인은 일반적으로 여행 관광, 무역상담, 친척 방문 등 단기적인 업무에 해당한다. 일반적으로 단기 체류 외국인에 대한 관리는 비교적 엄격하지 않다. 그러나 중국과 같은 일부 국가는 단기 체류 외국인에 대해서도 엄격하게 관리한다.『중화인민공화국 외국인 출입국관리법 시행세칙』제30조 규정에 의하면, "외국인이 중국 도시의 민가에서 투숙할 경우 도착 24시간 이내에 민박 주인 혹은 투숙인 본인이 투숙인의 여권과 민박 주인의 호적을 소지하고 현지 공안기관에 신고, 임시숙박등록부에 기재해야 한다. 농촌에서는 72시간 이내에 현지 파출소 혹은 호적사무실에 신고해야 한다." 또한『중화인민공화국 호적등록조례』제15조 규정에 의하면, "공민이 상주하는 지역의 시, 현 범위 이외의 도시에서 3일 이상을 머물 경우, 임시거주지의 호주 혹은 본인은 3일 이내에 호적등록기관에 임시거주 등록을

해야 한다…" 이상의 요구에 따라 외국인이 중국에 3일 이상 단기 체류할 경우 반드시 '신고'해야 하고 동시에 '임시거주등록'을 해야만 한다. 이러한 규정은 개혁개방 후의 글로벌화와도 어울리지 않지만, 집행 또한 실천되지 않고 있다. 대만지역 또한 이와 유사한 규정이 있다.

라. 거류 제도

거류는 일반적으로 외국인이 비자 허가를 받고 입국하여 입국 사유의 원인에 의해 장기간 거주하는 것을 가리킨다. 일반적으로 6개월 이상의 체류 기간을 가리킨다. 거류하는 외국인은 일반적으로 유학, 비즈니스, 취업, 배우자 등 장기적인 사무와 관련된다. 국제적으로 거류하는 외국인에 대한 관리는 비교적 엄격하다. 거류 제도는 일반적으로 외국인의 유학제도, 외국인 취업제도 그리고 외국인의 여행제도를 포함한다.

가) 유학생 관리

과거, 중국에 거주하는 외국인 유학생은 모두 학교에서 집중거주하며 관리를 받았다. 그들의 학습과 생활은 모두 각 학교가 주요 활동 범위였다. 비록 외출과 면회 등에 관련된 제도 때문에 외국 유학생과 관리자가 충돌을 빚기도 했지만, 전체적으로 볼 때, 외국 유학생 관리는 그래도 질서와 효율이 담보된 환경에서 시행되었다. 현재 외국인 유학생 거주지역 개방은 필연적인 사회적 추세가 되었고, 외국인 유학생 거주지역 개방에 따라서 중국에 유학하고 있는 외국인 유학생이 사회의 곳곳에 산재하게 되었고, 이에 따라 외국 유학생의 거류증, 비자 기간 초과와 관련된 사건들이 수시로 발생하고, 외국인 유학생 관리의 새로운 문제가 되어가고 있다.

세계 각국에서는 특히 실업률이 비교적 높은 국가에서는 외국인에 대한 취업관리가 비교적 엄격하다. 일반적으로 외국인의 불법 취업을 엄격하게 금지한다. 중국과 홍콩의 경우 역시 외국인의 취업에 대해 매우 엄격하게 관리하고 있다.

나) 여행자 관리

외국인이 합법적으로 중국에 진입한 후, 응당 법에 따라 중국의 경내에서 그 입국 사유에 따라 여행을 진행해야 한다. 예를 들면, 단기 여행으로 비자를 면제받고 선전, 주하이 지역을 여행하는 외국인은 선전과 주하이를 떠나 중국 내륙의 기타 지역에 들어갈 수가 없다. 또한, 중국에서 외국인이 비개방 지역을 여행하려 하면 공안기관에 『외국인 여행증』을 신청해야 한다. 이러한 점은 다른 국가들도 마찬가지다.

마. 거류권 제도

중국의 출입국 관리에 있어서 '거류권'과 '거류'를 혼용하는 사례가 비일비재했으며 거류권 제도와 거류 제도와의 관계에 관해서도 관심을 가진 사람이 없었다. 중국의 거류(권) 제도는 국제적으로 비교적 통용되는 거류권 제도의 의미와 어느 정도 거리가 있다. 즉 중국에서의 거류와 거류권은 분명히 다른 의미가 있는 것이다. 거류는 일반적으로 외국인이 비자 허가를 받고 특정국에 진입하여 입국 사유에 의해 비교적 장기간 거주하는 행위를 가리킨다. 거류권은 영구 거류 자격을 갖춘 외국인이 누리는 권리를 가리킨다. 외국인 거류 제도의 권리와 의무는 외국인이 입국 사유와 일치되는 행위를 하거나 합법적으로 거주 체류하는 자격과 관련된 권리와 의무이다. 그러나 외국인 거류권 제도의 권리와 의무는 여기에 더하여 거류 기간의 제한을 받지 않고, 또한 비자를 받지 않고 거류국에 진입할 수 있는 자격을 포함한다. 또한, 더욱 많은 의무와 권리의 내용을 포함하며 심지어는 정치적 권리와 의무도 포함한다. 예를 들면, 홍콩에서 연속적으로 7년 이상을 거주한 외국인은 홍콩지역의 거류권을 가지며 홍콩주민의 기본적 권리와 의무를 누리게 된다. 거류권을 가진 외국인은『홍콩 재입국증回港證』을 가질 수 있으며, 홍콩지역의 변경을 출입할 때에도 비자 신청을 할 필요가 없다. 중국의『외국인 출입국관리법』규정에 근거하면, 중국에 거주하는 외국인은『외국인 임시거류증』과『외국인 거류증』을 신청 취득할 수 있다. 중국의『외국인 (임시) 거류증』의 적용 범위는 중국에서 반년 이상을 체류한 각종 입국 신분의 외국인을 포함할 정도로 비교적 관대하다. 그러나 그와 동시에『외국인 (임시) 거류증』의 권리 내용은 비교적 제한적이다. 그 권리는 겨우 취업, 유학, 결혼 등 체류자격과 중국의 개방지역에서의 여행과 이사 등의 내용에 국한된다. 국제적으로 통용되는 '거류권'의 내용과는 거의 관련되지 않는다. 따라서 중국에서는 거류 자격을 갖춘 외국인이 반드시 거류권을 가질 수 있는 것이 아니라, 단지 영구적인 거류 자격을 가진 외국인만이 비로소 거류권을 가질 수 있다고 정리할 수 있다. 즉, 거류권 제도는 단지 거류제도의 일종일 뿐이다. 따라서 중국의 전통적인 의미에서의 거류(권) 개념은 국제적으로 비교적 발전된 외국인 거류권의 개념과는 일치하지 않는 개념이다.

2004년 중국은『중국에서의 외국인 영구거류 심사 비준 관리법』를 실시하면서, 중국에서 영구 거류 자격을 갖춘 외국인은『외국인 영구 거류증』을 신청 취득할 수 있다고 규정했다. 이는 중국의 거류권 제도 (즉 그린카드 제도)가 정식으로 시행되었다는 것을 의미한다. 국제적으로 외국인이 거류국에서 거류권을 취득하고 합법적 거류 신분증을 취득하는 것을 통상 '그린카드'라고 말한다. 이 '관리법'에 근거하여 중국의 거류권 제도 내용은 국제적으로 통용되는 거류권 제도와 비로소 유사해지기 시작했다. 어떠한 외국인을 막론하고 중국에서 영구거류를 신청하는 전제조건은 중국 법률을 준수하고 신체가 건강하며 범죄기록이 없어야 한다. 또한, 중국에서 영구 거류 자격을 획득한 외국인은 중국에서의 거류 기간의 제한을 받지 않으며, 중국입국에 비자 수속을 필요로 하지 않는다. 이밖에도 '그린카드'를 소지한 외국인은 중국 국민의 선거권과 피선거권을 가질 수 없는 점 외에 취업, 입학, 주택, 출입국, 각종 사회보험과 복지 등 기타 방면에 있어서 중국의 국민과 동등한 권리를 누릴 수 있다. 또한, 동시에 의무에 있어서 병역 외에는 중국 국민과 동등한 의무를 이행해야만 한다.

서론에서도 언급하였듯이, 중국은 세계적으로 가장 큰 인구 압박을 받고 있어서 이민을 적극적으로 허용하는 국가로 볼 수 없다. 따라서 이민 국가와 비교할 때, 중국의 '그린카드' 제도는 비교적 엄격할 수밖에 없다. 통상적으로 이민 국가들은 신청자가 안정적인 직업과 소득을 갖고 있는가만을 요구한다. 예를 들면, 미국, 캐나다, 호주, 뉴질랜드 등 노동력이 부족한 이민 국가들은 '그린카드'의 비준 조건이 비교적 관대하다. 그러나 비이민 국가인 중국은 신청자가 중국사회의 발전을 위해 분명한 공헌을 요구한다. 중국의 '그린카드' 제도는 주로 국제적 고급인재를 유치하고, 자금 및 선진적 기술을 도입하기 위해 설계되었다. 중국에서 '그린카드'를 취득할 수 있는 외국인은 절대로 일반적인 외국인이 아니다. 바로 이런 점이 다른 이민 국가와는 분명히 구분되는 점이다. 물론 적지 않은 비이민 국가들의 상황도 중국과 마찬가지이다.

『중국에서의 외국인 영구거류 심사 비준 관리법』에 근거하면, 외국인의 영구거류 신청자격은 다음 네 가지 대상에 적용된다. 우선, 중국의 경제와 과학발전, 그리고 사회발전에 대해 중요한 추동 작용을 한 단위에 봉직하고 있는 외국적 고급인재, 둘째, 중국에 비교적 높은 액수의 직접 투자한 외국인 개인, 셋째, 중국에 대해 중대하고도 특출한 공헌 혹은 국가가 특별히 필요로 하는 인원, 넷째 부부의 상봉, 미성년자의 부모 의탁, 노인의 친족 의탁 등 가족 상봉 인원이 그 대상이다. 그중에서 친족과 관련된 '그린카드'의 발급대상은 그린카드를 획득한 외국인의 배우자와 미성년 자녀, 조건에 부합하여 중국의 직계 친족에 의탁한 외국 노인, 중국인과 결혼하여 만 5년이 되고 중국에서 연속적으로 만 5년을 거주하면서 매년 9개월 이상을 연속으로 거주한 외국인을 말한다. 이러한 규정은 중국의 거류권 제도가 국제적으로 통용되는 제도와 비교적 일치하게 되었다는 것을 의미한다.

5. 이민과 난민제도

중국은 이민 국가가 아니다. 앞으로 당분간은 대량의 외국 이민이 필요하지 않을 것이다. 중국에서 외국인이 거류권을 신청하는 데에는 매우 많은 제한이 있으며 중국 국적을 신청하는 조건과 과정은 더욱 복잡하다. 이런 면에 있어서 일본 등 비이민 국가와 중국은 매우 유사하다. 따라서 중국의 이민제도를 연구하는 의미는 크지 않다. 그러나 현재 중국은 국제사무에 깊이 관여하고 있다. 따라서 중국 역시 국제 난민 사무를 분담할 필요가 있고 난민관리제도도 구축할 필요가 있다.

전통적 의미에서의 난민은 "종족, 종교, 국적, 특정 사회단체 소속 혹은 특정 정치견해를 갖고 있다는 이유로 인해 본국에 남아있기 어려울 뿐만 아니라 이러한 문제로 해당 본국의 보호를 받을 수 없거나 받기를 원하지 않는 경우"여서 그 본국 이외의 국가 보호를 요구한 사람을 가리킨다.[70] 1982년 8월 24일 중국은 국제연합(UN)이 1951년 제정한 『난민 지위에 관한 국제협약』과 1967년 제정된 『난민 지위 의정서』에 각각 가입했다. 중국의 인구와 경제 상황상 무제한적인 난민수용은 불가능하며, 중국의 난민제도는 선택적인 '난민 정치비호제도'를 채택했다.

1982년의 『중화인민공화국 헌법』 제32조 제2항에서는, "중화인민공화국은 정치적 원인에 의해 피난한 외국인에 대하여 보호받을 권리를 줄 수 있다."라고 규정하고 있다. 1986년 시행된 『중화인민공화국 외국인 출입국관리법』 제15조에서는 "정치적 원인에 의해 피난을 요구한 외국인에 대해 중국정부 주관기관의 비준을 거쳐 중국에서의 거류를 허가할 수 있다."라고 규정하고 있다.

중국의 국제적 지위의 향상과 중국입국 외국인의 증가에 따라 난민 관리업무가 갈수록 중요해지고 있다. 그러나 현재까지도 중국은 통일적으로 규범화된 난민관리법이 구축되지 않았다.

중국에서는 난민에게 정치적 비호를 하는 업무는 국가의 중앙사무에 속한다. 외교부, 안전부, 공안부와 민정부가 통일적으로 책임진다. 외교부는 난민의 입국비자를 책임지고, 안전부는 난민의 신분확인 책임을 지며, 공안부는 거류증과 거류관리를 진행한다. 민정부는 수용업무와 필요한 생활보장을 제공한다. 난민이 갖는 민사권리와 의무는 기타 외국인과 중국 국민과 기본적으로 같다. 즉 특권을 가질 수도 없으며 부당한 대우를 받지도 않는다. 중국의 난민제도가 국제법의 원칙과 국제관례에 부합한다는 의미이다.

---

70) 王铁崖·田如萱, 「关于难民地位的公约」, 『国际法资料选编』, 北京, 法律出版社, 1981.

김윤태

주요 경력

충청남도 예산 출생
한국외국어대학교 중국어과 학사
국립대만대학교 사회학 석사/박사
현재 동덕여자대학교 중어중국학과 교수
현재 동덕여대 부설 한중미래연구소 소장
현재 외교부 재외동포정책 실무위원회 민간위원
중국학연구회 회장 역임(2019)

주요 논문

'재미 중국동포'의 이주와 정착, 경제사회적 특징: 캘리포니아 거주 중국동포를 중심으로(2018)
'초국가주의 역동성'으로 살펴 본 조선족 기업가 유형분석과 그 의미(2017)
재중 대만인의 중국사회 적응과 발전: 초국가적 사회영역을 중심으로(2016)
'초국가주의 역동성'으로 본 재중 한국인 자녀교육 선택에 대한 연구-상해지역을 중심으로-(2014) 외 다수

주요 저서

台頭する中国 と「政治リスク」- 日韓台 ビジネスマン ビジネスマン の対中認識 比較 (仮), 동경대학출판회(공저, 2016)
재중 한국인 관련 통계 자료집, 다해출판사(2014)
중화전통과 현대중국: 전통의 지속과 사회주의적 변용, 섬앤섬(공저, 2012) 외 다수

예성호 ―――――

주요 경력

한국외국어대학교 문학사(중국어)

서울외국어대학원대학교 한중 통번역학 석사

중국 푸단대학교(復旦大學) 문학박사(문화 간 커뮤니케이션)

현재 서울외국어대학원대학교 한중 통번역학과 조교수

현재 중국 남경재경대(南京財經大學) 한중문화·기업발전연구소 소장

주요 논문 및 저서

중국의 한국학 지식지도 연구: 1992년-2016년 경제·경영 분야의 학술논문 키워드
연결망 분석(2019)

이민행정기관의 조직과 운영에 관한 국제비교(공저, 2018)

'초국가주의 역동성'으로 살펴 본 조선족 기업가 유형분석과 그 의미: 성공한 조선족
기업가 인터뷰 내용에 대한 키워드 내용분석을 중심으로(2017)

한상의 모국진출 현황: 중국조선족 기업의 네트워크 및 한국경제에 대한 기여(공저, 2016)

재중 한국인 사회의 형성과
초국가주의적 생활 경험

초판인쇄 2019년 12월 31일
초판발행 2019년 12월 31일

지은이 김윤태·예성호
펴낸이 채종준
펴낸곳 한국학술정보㈜
주소 경기도 파주시 회동길 230(문발동)
전화 031) 908-3181(대표)
팩스 031) 908-3189
홈페이지 http://ebook.kstudy.com
전자우편 출판사업부 publish@kstudy.com
등록 제일산-115호(2000. 6. 19)

ISBN 978-89-268-9759-1 93330